E-MAGAZINE DESIGN

电子杂志设计

万凡　牟芸芸　编著

序

电子杂志——媒介革命的一朵浪花

吴 戈

万凡和牟芸芸的《电子杂志设计》一书就要出版了，我感到欣喜的是他们对新事物的敏感与对新技术学习的迅捷。相比较而言，对普通人来说，电子杂志好像还是遥远的景象或者还抽象得有如术士屠龙烹凤的玄谈。但是，他们却对整个电子杂志的产生、特点、变化、类别、应用的历史作了一次简洁、概括和清楚的勾勒，让人恍然颖悟到，电子杂志就在我们身边。而且，电子杂志一类的网络出版物对人们的阅读习惯、交往方式、交互交流等社会行为在一定程度上产生了越来越多而且是意味深长的改变。这种改变，实际上会影响到人类的社会行为和整个传播方式。

应该意识到，这是人类传播方式和文明传播媒介的又一次大的改变。人类从信息符号的交互作用与协调，到语言文字的交流与沟通，到文字符号被岩石、洞壁保留，再到充满了意义和情感的文字符号被骨质、角质、金属、竹简木片等承载传输，然后是文明符码通过纸质媒介与印刷技术的匹配获得突破空间、时间、族群、阶层和国家的传播便利。到了摄影与电影的胶片时代和广播、电视系统的电子时代，今天的网络时代，大众传播渠道的便利、时间的迅捷、空间的广泛和内容的多元复杂、容量的海涵地负，是人类传播史上空前的。在这样的背景下来阅读和认识网络上的电子杂志和万凡、牟芸芸的这本电子杂志的设计手册性质的书，就会更明确地意识到作者提出设计与网络媒介相结合、重视新媒介综合在网络上的传输、传播功能的意义。

在网络技术支撑、计算机硬件和光纤渠道承载的信息数字化时代，出版物内容减少了对传统媒体如纸质、电子或胶片的依赖性，变得更加低成本、高容量和传输迅捷。而出版资源的相互转化更加容易、便捷，书刊业、报业、音像和电子出版业相互间的界限越来越模糊，出版业以出版物形态划分产业界限的格局正在被逐步打破，多元传播格局正在形成，网络出版"通吃"其他出版物内容的趋势正在增强，不管人们愿不愿意。数字出版技术作为科技创新的重点，被列入《中华人民共和国国民经济和社会发展第十一个五年规划纲要》、《国家中长期科学和技术发展规划纲要》和《国家"十一五"时期文化发展规划纲要》三个国家重要发展纲要中。全中国在数字出版方面已有了良好开端，并积累了一定的经验。特别是在网络学术出版和网络游戏方面已形成一定的规模和较成熟的盈利模式。这些变化，带来了国内传统媒体开展跨媒体运营的尝试：似报业集团、出版集团和广播电视娱乐联合的文广集团"立体作业"，在纸质、电子、院线和网络数字各方面全线出击的状况，在全国可以说是风起云涌。在新媒体与传统媒体并存和交错的文化传输与信息消费的环境中，报社、杂志社和影视生产单位成了网络媒体的重要信息来源与"数字内容提供者"，其内容产品可以通过整合多种媒介和渠道（如光盘、互联网、广电网、电信网）进行传播及销售，而受众则可以通过多种终端(如计算机、数字电视机、数字收音机、eBook阅读器、PDA、手机、MP3、MP4、手持游戏机等)进行接收和消费。其中，容量大、速度快、分布广的网络媒体出版，将各种媒体的内容产品综合、集成后以新的面貌和方式迅速、广泛地传播出去。显然，在媒体领域里的网络成了媒体新贵，而且"通吃"各家，"老大"的地位日益确立。网络技术支撑了网络文化，与此相关，诞生了网络产业，还有教育、图书、音像、游戏和出版等等产业，纷纷争先恐后地在网络世界安营扎寨，圈地经营。这种强势的新媒介，被一些敏感的传播企业、媒体人抓住，从而开始了一轮媒体传播的新的创业浪潮。

本书的作者显然也强烈地感受到了这种浪潮的汹涌。

但是，作为教育者，他们考虑的问题是新媒体条件下对数字、网络、多媒体技术的利用，是抓住机遇、具有前瞻性地将艺术院校的设计课程与新媒体创新相结合，教给学生和社会新的知识，让学生在大学所学的知识和技术满足社会新产业、新行当的最新、最迫切的需要。他们是新媒体革命浪潮中将新理念、新知识和新技术引入艺术教育的弄潮儿。其实，他们对教材编写和课程设置的准备，正是我在云南艺术学院的课程设置中强调的"基点、特点与热点"当中的"热点"课程所要追求的教育目的。新产业的强劲势头，创造了极多的就业岗位与无限的创业空间，对于培养人才的单位来说，自觉地将教育与现实、人才培养目标与社会就业空间结合起来，是十分必要的。

网络文化和网络产业当中，艺术院校的毕业生可以创业发展和创新贡献的天地很大，艺术院校的应用艺术教育的很多方向及其课程设计，其实就是急速启动、调整课程结构、加入新的教学内容去为网络文化时代的网络产业培养和输送人才的。《电子杂志设计》将设计理念与网络媒体特征相结合，对电子杂志的起源、背景、过程、特点，电子杂志的设计元素和设计过程，电子杂志的制作，电子杂志的案例赏析，电子杂志的设计教育和电子杂志行业的发展趋势预测作了速写式的轮廓勾勒。显然，对于设计专业的艺术学生来说，是一本简明扼要的教材，对于从事网络设计工作的人来说，也是一本知识普及与技术速成的"口袋书"。它新，所以等待成熟；它快，所以无法面面俱到。这是它的特点而不是缺点，因为，新浪潮潮头上涌出来的弄潮儿还来不及优雅和规范，但是其价值在于快捷、迅猛。

更成熟的专著，可以期待作者和更多的弄潮儿假以时日，可以在教学当中探索、调整和完善。

是为序。

2008-5-10，昆明，麻园。

前 言

电子杂志设计

设计本身好比是一种交流，它传输着时代的动力和对自由表达的渴望。

——［意］米歇尔·德·卢奇

这句话在我看来，正好可以用来形容电子杂志设计这个主题。电子杂志是一种在互联网上问世不久的新兴媒体，借助数字化设计形成了灵活自由的信息传达方式，吸引了大量读者，被不少人誉为21世纪的代表性数字媒体。它颠覆了传统的杂志阅读方式，并对在数字化环境中的设计制作提出了新的要求。从设计角度对它进行深入研究是非常迫切也是非常有价值的。

鉴于电子杂志在网络上刚出现不久，关于它的概念还有一些争议，为了加深读者对它的了解，本书先对电子杂志进行概念辨析，明确本书的讨论对象，然后简略介绍它的演变过程。这样有助于读者从宏观上把握它作为一个产业的发展状况，也有助于对案例的理解。

本书注重理论与实践相结合，使其对相关的设计实践和人才培养有一定的可行性。它的研究目的，一是梳理电子杂志的概念及其演变过程，结合实例分析设计中的问题；二是引起设计界对电子杂志这个新兴行业的关注，探讨电子杂志设计教育的实施办法；三是就提高途径给出自己的建议，促进电子杂志作为设计业和传媒业交叉的新领域健康发展，力求从设计学科的角度，指导设计实践活动，提高电子杂志设计水平。

书中尝试从实践和理论两个层面出发，结合设计与传媒互动的趋势，关注这个新兴的设计行业，为电子杂志设计的进一步研究打下基础，亦求教于大家。

万凡　牟芸芸

目 录

CONTENTS

01 电子杂志设计概述

02 电子杂志设计元素与设计过程

目 录

CONTENTS

目 录

CONTENTS

04　电子杂志案例赏析　○

目 录

CONTENTS

第一章

电子杂志设计概述

1.1.电子杂志的概念

1.1.1. 什么是电子杂志

在本书之初，我们首先来梳理一下电子杂志的概念。究竟什么是电子杂志，目前在网络上传播的杂志主要有以下两种形式：

第一种是传统杂志的电子化、网络化，即把已经出版的印刷媒体做成电子版。如 Xplus 平台上的《南方任务周刊》及 QQ 网络杂志平台上的大多数杂志等。这种网络杂志在内容上与传统杂志一致，仅仅穿上网络杂志的外衣而已，没有体现出网络的优势，可以简单地理解为传统杂志发行渠道的延伸。

第二种是网络媒体的杂志化。一些网站从海量的互联网信息中筛选出精彩的内容经过编辑整理后定期以电子邮件的形式发给订阅用户。如天极网的各种周刊。这类网络杂志的界面较为简单，以文字内容为主，辅以少量的插图，一般没有多媒体效果。

以上两种形式，可以说是电子杂志的前身。电子杂志的发展随着计算机和网络的更新换代，也迎来了电子杂志业的春天。一种全新的电子杂志在网络和互动技术成熟的基础上应运而生——通过互联网进行出版，使用计算机设备阅读，采用多媒体技术制作的电子杂志诞生了。这种电子杂志综合了动画、声音、视频、超链接及网络交互等表现手段，效果犹如一本在计算机屏幕上翻开的杂志，文字、声音与图像相得益彰，内容丰富生动，再加上为读者提供了便捷的电子索引、随机注释等，非常具有互联网时代的气息，被人誉为21世纪的代表性数字媒体，这也是本书将要讨论的主题。

1.1.2. 电子杂志设计的类别

目前电子杂志从制作技术上来说，主要分为使用 Flash 制作和使用 PDF 软件制作，两种技术制作的电子杂志各有所长。目前国内市场上开发的电子杂志大多是以 Flash 技术为基础制作的，这种杂志的优点是将文字、图片、影视和音乐集于一体，成为一种具有十分强大表达力的媒体，也被传播学界称为"富媒体"，在市场上受到了读者的欢迎。国内已经涌现出大量优秀的电子杂志和电子杂志的发布平台网站。但目前国内的大多数电子杂志的一个缺点就是只支持 PC 机，而在苹果机上无法打开。

也有一些考虑周全的电子杂志同时推出了 PC 机和苹果机版本，例如《New Web Pick》。国外更加常见的多为 PDF 格式的电子杂志，这种格式的杂志没有计算机平台限制的问题，可以在不同的系统上阅读。但它也有其缺点，在PDF格式中无法添加声音、动画等元素，主要以图文表达方式为主，这种杂志在很多国外的电子杂志网站中提供下载。它需要专门的软件阅读器 Adobe Reader 来打开。Adobe Reader 是 Adobe 公司开发的一个免费软件，可以登录其官方网站下载。见图1。

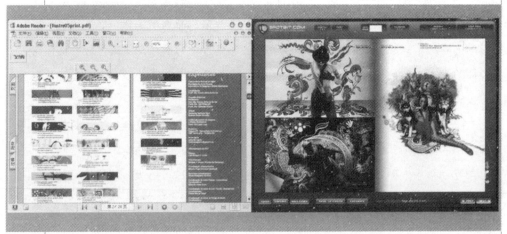

图1 Adobe Reader软件界面图　　　　　　　　　　　　　　　　图2

这两种格式的电子杂志构成了当今电子杂志世界的主要面貌，彼此竞争，互相促进。除此以外，虽然还有一些其他类型的网络杂志存在，例如以电子邮件方式发送到读者的电子邮箱中的定期邮件，或是将网页资料集成例如视觉中国。但自从国内开发出几款优秀的电子杂志制作软件后，它们以简便的操作和全面的功能快速地吸引了杂志的制作者。目前国内的电子杂志主要是使用以 Flash 技术为核心开发的软件来进行制作，利用这些软件元素可以轻松地将制作好的图文导入杂志中作为页面，然后添加动画、影视、音乐等进行合成，最终制作出一本丰富多彩的电子杂志。

此外，一些电子杂志的设计十分接近纸质杂志，模拟了纸页和装订缝的效果，力求给读者带来书页的亲近感。见图2。

1.1.3. 电子杂志的特点

艾瑞市场咨询公司对中国电子杂志市场的研究指出，近年来，"大部分的中国传统媒体经营都出现了不同程度的滑坡，而网络媒体则表现出另一番景象：百度纳斯达克上市、阿里巴巴并购雅虎中国、WEB2.0 概念大行其道并产生大量新鲜网络公司……由于数字时代的提前到来，大众的阅读方式便不再局限于传统的纸媒，从 BBS[①] 到网刊，从免费的电子书到报纸杂志的电子版[②]，一系列变革足以印证中国互联网的飞速发展和广大网民阅读方式上的改变。"电子杂志作为这种转变的代表，短时间内吸引了庞大的读者群。但它为何能取得如此快的发展呢？下面，我们来看看电子杂志作为一种全新的数字传媒的特点。

第一，传播空间大。传统报纸杂志的发行往往受到地域限制，区域性或全国性的传播范围比较常见。但电子杂志立足互联网，摆脱了地域限制，可以轻松地跨越国界发行，例如电子杂志《New Web Pick》，总部设在中国，但由于在网络上发行，第一期杂志的发行就立即吸引了世界各地的读者，完全可以说它是一本国际性的杂志。

第二，传播时间长。印刷的报刊和杂志的传播有一定的时间段，过了时限，要购买到以前的杂志就比较困难，需要向出版社查询。而数字化了的杂志发行平台在理论上是没有时限的。杂志的过刊[③]和现刊都在电子杂志平台网站上发行，只要下载地址的链接正常，读者随时都可下载，轻松地从电子杂志的创刊号一直收录到当月的最新一期。

第三，成本和价格低廉。电子杂志无需印刷，倡导无纸化的绿色理念，减少了环境污染。同时，网络出版还节省了发行人力，使杂志的制作成本进一步降低，价格也下降了，因而大受读者欢迎。目前大部分电子杂志都是免费的，读者只需支付在线下载的上网费用，而另一些付费杂志的价格也较之

---

① BBS：网络电子布告栏系统。
② 报纸杂志的电子版：即传统的报纸杂志经过扫描后，通过计算机阅读的一种数字化媒介。
③ 过刊：期刊的发行有一定的时段，现刊是指在当月发行的杂志，而过刊则指在以前发行过的杂志，不同于在报刊亭可以买到的现刊，过刊的购买通常得向杂志出版社邮购，手续相对复杂。

于印刷杂志更加低廉。以《New Web Pick》为例，它是一本厚达 300 多页的精美的设计艺术类杂志，定价为3.99元①，而同类的印刷杂志《艺术与设计》的售价为 25 元。电子杂志的定价往往只有同类印刷杂志的几分之一，而在内容上毫不逊色，因而在短时间内，就吸引了大量读者。

第四，表现效果丰富灵活。采用多媒体②技术制作的电子杂志，综合了动画、声音、视频、超链接③及网络交互④等表现手段，看上去犹如一本在计算机屏幕上翻开的杂志，文字、声音与图像相得益彰，内容丰富生动，再加上为读者提供了便捷的电子索引⑤、随机注释⑥等，以灵活有效的传达方式满足新时代人们对文化生活的更高要求。

由于具备了以上的这些特点，电子杂志产业得以在短时间内迅速兴起，并被人誉为 21 世纪的代表性数字媒体，引起了人们广泛的关注。

---

① 价格随着市场和电子杂志自身的发展会有所变动。该价格是2007年4月调查时的定价。

② 多媒体(Mulfimedia)：在应用中组合声音、图形、动画、视频和文字的方式。

③ 超链接(Hyperlink)：是万维网上使用最多的一种技巧，它通过事先定义好的关键字或图形，只要你用鼠标点击该段文字或图形，就可以自动连上相对应的其他文件。通过这种方式，就可以实现不同网页间的跳转。

④ 交互(Interacdve)：允许用户和计算机之间进行通信响应，例如通过超链接实现读者自主选择。

⑤ 电子索引：即多媒体书籍中列出其他各页的页面，数字化的目录页，点击带有超链接的相应栏目，就可以跳转到该页面。

⑥ 随机注释：当读者有疑问或想进一步了解时，鼠标点击或经过文字或图形时出现的注释。

1.2.电子杂志的演变过程

1.2.1. 电子杂志设计的渊源及风格变化

　　电子杂志从设计面貌上来说，非常接近印刷杂志，因为电子杂志从根本上来说是印刷杂志的数字化表现形式。同时，为了使读者对这种全新的媒体保持亲近感，大多数电子杂志都采取了贴近印刷杂志的界面。尤其是在版面的排版上，通常可见的有左右分栏式、居中式等一些便于阅读的版面布局。见图3、图4。

图3 左右分页　　　　　　　　　　　　　　　　　图4 页面居中

　　从风格上来说，不同行业、不同地区的电子杂志各有特点。首先从行业来看，如电影类、音乐类、设计类的杂志就显得比较活泼、时尚，而一些旅游、烹饪类杂志则比较平易近人，服饰类、时尚类杂志通常会根据自己的读者群，例如女性而进行设计。还有一些独特的杂志以涂鸦、另类的风格来进行杂志的塑造，在艺术类杂志中比较常见这样的风格，如《凉茶 Cold Tea》等。但不论什么样的电子杂志，设计风格首先要扣紧该杂志的内容，例如《photo Art魔影》，它是一本以介绍摄影名家为主题的电子杂志。由于它所介绍的摄影并不是当今新作，主要是有一些年头的经典作品，因此，杂志往往采用一种古典而怀旧的风格。在界面色彩上采用棕色为主调，将杂志的操作按钮都统一到右方，组成一个类似音乐播放器的操作区。界面的划分比较整体，功能区简洁明了，容易操作。整体上形成一种重温经典的气氛，与杂志的主题十分融洽。见图 5。

从地区上来看，每个国家的电子杂志由于地域文化的不同而具有不同的电子杂志面貌，例如，欧洲的一些电子杂志就显得在设计上更加随意、放松、简洁，而中国地区的电子杂志则比较商业化、华丽多彩；另外又如土耳其的电子杂志就深深地透出该地区特有的沉静气质，含蓄内敛。(内容详见电子杂志案例赏析一章)

但电子杂志从总的风格上来说比较倾向于时尚和年轻化，因为电子杂志的阅读者是以年轻人为主，也主要围绕着这个群体的喜好进行设计。

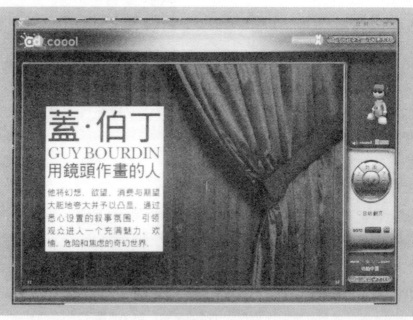

图5

1.2.2.国内电子杂志的发展历程

接下来，我们来了解一下电子杂志的发展历程。它的演变大致可以分为三个阶段，从无到有的起步阶段，技术逐渐成熟初具规模的发展阶段和电子杂志行业全面成熟的阶段。根据艾瑞市场咨询公司 2005 年对中国电子杂志市场的研究报告，中国的电子杂志的演变历程具体见图6。

a.起步阶段 (2002-2005年)

电子杂志并不是横空出世的，在它登上瞩目的舞台之前，也经过了一个蓄势待发的准备阶段。这一阶段也是其技术成型和设计起步的阶段。艾瑞市场咨询公司的报告中指出："早在上个世纪 90 年代末就已经出现了传统杂志简单的数字化，如许多杂志的电子版。"这种电子版杂志其实是印刷杂志的扫描版。它可以在电脑屏幕上阅读，但没有任何多媒体效果，只是印刷页面的扫描版，并没有将数字化优势发挥出来。目前还有一些报纸和书籍的电子版仍采用这种形式。

中国电子杂志的演变历程

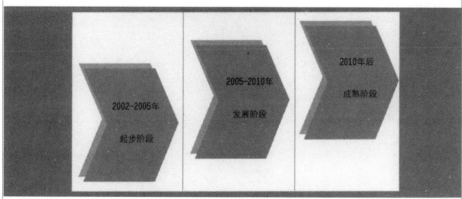

图6 (图片来自艾瑞数字杂志调查报告)

b. 发展阶段（2005—2010年）

随后，电子版杂志在技术上实现了历史性突破。2005年成为电子杂志业的一个分水岭，多媒体动画和声音得以加入其中，使之在表现形式上发生了巨大转变。而互联网宽带的发展，也使电子杂志的传输和下载变得方便快捷。在表现形式与传播方式上的飞跃促使其产生了向"电子杂志"的蜕变，以多媒体技术支持的电子杂志获得了新的生命力。因此，本书将以2005年以来的电子杂志为例进行分析。

同时，也是从2005年开始，电子杂志行业的竞争格局逐渐稳定、赢利模式逐步成熟，行业发展跃上了一个新台阶。随着制作技术的成熟和互联网技术的发展，电子杂志无论是在出版还是发行上都有了进一步的发展。在较短时间内，电子杂志的专业发布网站上已经有了数百本电子杂志可供下载，如Poco、Xplus等都是目前出版和发行电子杂志的代表性发布平台。这一阶段的电子杂志的发行量呈几何级增长，运用多媒体技术以新鲜灵活的信息传达方式吸引了大量读者。

c. 成熟阶段（2010年以后）

根据艾瑞市场咨询公司的调查预测，随着电子杂志行业的发展，其用户群体和赢利模式都将稳定下来，电子杂志的设计也更加成熟，将迎来全盛的成熟阶段。

第二章

电子杂志设计元素与设计过程

电子杂志设计

2.1.设计的元素

2.1.1. 杂志构成

电子杂志从视觉形式上来说，其实是非常接近印刷杂志的。它也包括封面、封底、目录、内页等几个部分，界面往往类似印刷杂志的外观，从杂志的版面布局等来看也十分接近印刷品。同时由于它是一种数字化的媒介，借助计算机设备进行阅读，因此，和传统的纸质杂志相比，它添加了实际操作中所需的界面按钮，例如翻页、目录等。

以《New Web Pick》的一个页面为例。见图 7。

图7 （图片来自《New Web Pick》）

在图 7 中可以看到，电子杂志分为左、右页面，图文的版式设计与印刷杂志很接近。所不同的是，电子杂志如同一个阅读软件，在页面后有一个全屏大小的背景图，用于放置不同的功能按钮。点击页面上方的按钮就可以登陆到相关网页，页面下方的按钮则主要用于阅读操作。不过由于电子杂志的呈现形式各异，并没有一个完全统一的格式，因此笔者在此选取了一种较为常见的页面布局为例。接下来，本书还会谈到不同的页面布局方式，但基本的元素和功能与之相近。

2.2.电子杂志的设计过程

在具体讨论电子杂志的设计之前，我们先了解一下电子杂志的设计过程。电子杂志的出炉和传统印刷类杂志相比，也需要经过栏目创意、素材加工收集、文案撰稿、版面设计等几个阶段，在内容上与印刷杂志一脉相承。所不同的是它从制作到出版发行都贯穿于数字化的环境，充分运用了多媒体技术。

电子杂志的设计中涵盖了多方面的专业和技术，从平面设计、多媒体设计到界面设计，整个设计都是为了打造电子杂志的品牌形象，提升其设计品质。具体设计过程见图8。

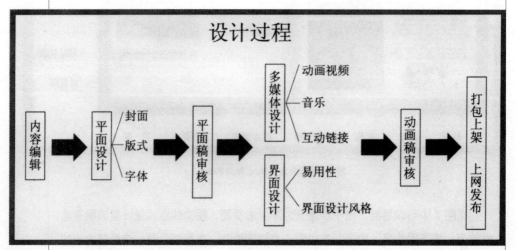

图8

2.2.1. 创意与构思

　　一本好的电子杂志和印刷杂志一样，首先要注意的是杂志的主题创意和栏目策划，应对杂志的主题和内容进行详尽的推敲。杂志的竞争力除了设计效果以外，还必须有吸引人的内容。在确立了杂志的主题和内容后，将所需的文字和图片准备好，就进入了平面设计的阶段。

2.2.2. 平面设计

　　电子杂志和印刷杂志一样十分注重页面上的设计。目前电子杂志主要采用一种类似传统书籍的页面，中间带有模拟印刷杂志的装订缝的阴影。这样的电子杂志从视觉上来讲，仿佛是一本在屏幕上摊开的书，所不同的只是在电脑上阅读而已。因为目前我们都还处在一个被纸质媒介包围的时代，比起电子杂志来，大多数人对纸质书籍更熟悉，设计者采用这样的版式设计，能使之产生类似传统的装订效果，从而使电子杂志在一定程度上对习惯了印刷品的读者产生亲和力。见图9。

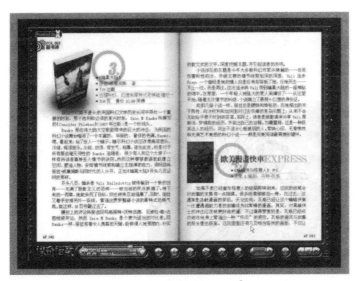

图9 （图片来自《惊奇档案》[①]）

---

　　①《惊奇档案》：以奇幻内容为题材的电子杂志，详情请登录惊奇网。

又由于目前的电子杂志在页面布局上模仿了印刷杂志，例如左右分页的手法，因此电子杂志在版面设计上与印刷杂志是十分相近的。此外，笔者认为有几点需要注意的地方：

首先是封面设计。对所有的媒体来说，这都是尤为重要的部分。封面是品牌形象塑造和打动读者的第一步。而且电子杂志的情况与印刷杂志不同的是，在网络上呈现时，电子杂志只以封面示人，而书脊和封底则在下载后才能看到，所以电子杂志的封面显得更加重要，它所遵循的设计原则有如下几点：

一是封面与内容要贴切。设计师必须对电子杂志的内容和品牌形象有深入的了解，封面是杂志主题与品牌视觉化的载体，其设计必须能体现这一点。

二是视觉冲击力。一个电子杂志平台往往有几百本甚至上千本杂志，如同报刊亭的陈列，在同一类别下将众多电子杂志排列在一起。同时，电子杂志虽然也提供在线浏览的功能，但由于打开在线浏览需要等待一段时间，因此大多数读者主要依靠封面直观地进行判断选择。这就如同在购买印刷杂志时，一些密封包装的杂志不允许开封，读者看不到里面的内容。在这样的情况下，要想抓住读者的眼球，封面就必须抢眼，与众不同，具有视觉冲击力，这样才能使一本电子杂志从电子杂志平台中脱颖而出。

三是统一的品牌形象塑造。封面设计除了要在第一眼抓住读者以外，还要具有识别功能，让杂志的长期读者能够依据该杂志的封面风格识别新一期的杂志。例如电子杂志《惊奇档案》的封面设计就基本上保持了相对统一的版面和鲜明的奇幻风格，使之在众多电子杂志中脱颖而出。同时，还体现出杂志富于奇幻色彩的品牌形象。

此外，由于媒介[①]不同，电子杂志的版式设计与传统纸质杂志相比又有所异同。相同的是它也包括文字和图片的编排设计，不同的是电子杂志的设计

---

① 媒介：媒介是一个社会的中介者和控制者，它负载的信息作用到人的身上，从语言方式、行为方式到思想方式，对人的行为产生影响。《现代汉语词典》将之解释为：使双方发生关系的人或事物；《大英汉词典》中对 mectium(media)解释为：工具、手段、中间物。(引自《媒介交流研究》，安思国著，中国传媒大学出版社，2005 年 8 月，第 5 页。)

始终贯穿于数字化环境，在脱离了印刷与纸张后，版式设计变得更加生动、灵活起来。

电子杂志页面的设计更接近于多媒体设计，而不仅仅是平面而已，在页面的展开上还多了时间的第四维空间。举例来说，电子杂志《New Web Pick》[①]的一个页面采用了竹子生长形态的编程动画[②]。一翻开页面，竹子就会在空白的页面上生长，而且这个页面每重翻一次，竹子就从头生长一次，每次竹子的生长形态都不一样，有时从左下角，有时从右上角，时而茂密时而稀疏。每翻动一次，页面上青翠的竹叶都会带给读者新的感受。这个页面常翻常新，变化无穷，可以说是一个"活"的版面。这样的版面设计在纸质杂志中是无法实现的。如何利用数字媒介中特有的表现手法给页面带来新意，跨出原有局限是值得设计者思考的。见图10、图11。

在字体方面，一些电子杂志的字号太小或字体分辨率太低直接影响了阅读。设计师应对电子杂志的阅读环境有深入的了解，根据具体情况进行设计，以确保其最终的呈现效果。

图10（图片来自《New Web Pick》）　　图11（图片来自《New Web Pick》）

---

① 《New Web Pick》：以设计、插画、涂鸦艺术为主题的设计类电子杂志，制作精良。详情可登录 www.newwebpick.com。

② 编程动画：通过脚本语言编写的动画，能实现复杂的互动效果。

2.2.3. 电子杂志制作软件

目前电子杂志的制作软件可以分为两类，模板集成软件和 Flash[①]软件。它们可以将事先设计好的页面按杂志页码顺序排列合成为一本电子杂志，同时可在电子杂志中添加音乐、动画、视频、网址、互动游戏等丰富多彩的内容，这也正是电子杂志吸引读者的重要原因。

电子杂志的模板集成软件，是一种面向普通大众开发的电子杂志制作软件，它提倡的是电子杂志"DIY"[②]，无须专业技术也能掌握，具有操作简单，容易上手的特点，即使是完全没有经验的人，也能在较短的时间内学会，并制作出十分出彩的电子杂志。

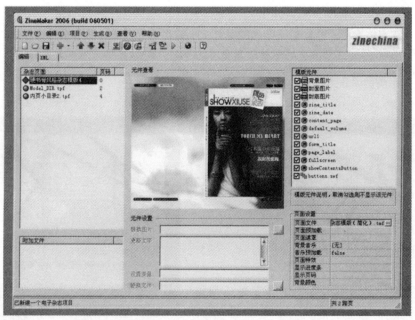

图12

---

① Flash：有三重意义：1.Flash 英文本意为"闪光"；2.它是全球流行的电脑动画设计软件；3.它代表用上述软件制作的流行于网络的动画作品。本书中大多指后两种含义。Flash 是一种交互式矢量多媒体技术，它的前身是 Futureplash，早期网上流行的矢量动画插件。后来由于 Macromedia 公司收购了 Future Splash 以后便将其改名为Flash。现在网上已经有成千上万个 Flash 站点，可以说 Flash 已经渐渐成为交互式矢量的标准，未来网页的一大主流。现在它主要指 Macromedia 公司开发的这款交互式矢量动画编辑软件。

② DIY：Do It Yourself的缩写，意为自己动手做。

此类软件的功能完全可以满足一般的电子杂志制作，受到了大众的欢迎。以 ZineMaker[①] 杂志制作大师软件为例，它是由一系列动画模版集成的一款电子杂志软件，设计师只需要套用现成的模版，如同 PowerPoint 中的幻灯片模版一样，替换背景图片，更改文字内容即可。这种方法可以节省大量制作时间，快速制作出电子杂志。见图 12。

　　此外，电子杂志与 Flash 有着亲缘的关系，Flash 是电子杂志实现的核心技术，ZineMaker 软件中的模版也是用 Flash 制作后导入的。也就是说，Flash 是 ZineMaker 软件模版的"母亲"。Flash 是原创性的，灵活性远远大于套用模版，制作出的页面也不易雷同，可以自己制作模板和动画效果。例如《New Web Pick》即为Flash软件运用的范例。

　　同时，由于 Flash 是一款专业的矢量动画编辑软件，在设计制作中会用到脚本[②] 知识，掌握难度明显大于一般的电子杂志模版集成软件，使用它制作电子杂志所花费的时间更长，需要投入大量时间和精力，主要为熟练的电子杂志设计师所采用。图 13 是 Flash 软件的界面图，大家可以看到，它较之于ZineMaker 软件，操作更复杂，功能也更加全面。

　　笔者认为模版集成软件和Flash并不是对立的，二者可以互相弥补。

　　首先，在电子杂志的界面上，操作和按钮功能的设置可以统一。在操作上采用较一致的界面布局后，读者只需接触过一本电子杂志，就能触类旁通地操作其他杂志了。这就和普及的 Windows 视窗操作系统[③] 一样，人人都比较熟悉，即使是不同的电脑也容易上手。但目前电子杂志的界面设计各自为政，操作功能变化多端，这对电子杂志的进一步发展是不利的。

---

① ZineMaker：是一款基于标准 windows 环境下开发电子杂志的免费软件，是目前大多数电子杂志采用的制作软件之一，操作十分便捷。软件开发者还在不断推出新的模版库，供使用者下载，以求弥补其模版的局限性。用该软件制作的代表性电子杂志有《Inter Photo印象》、《Taste味觉》等。详情请登录www.poco.com。

② 脚本(Script)：使用一种特定的描述性语言，依据一定的格式编写的可执行文件，又称作宏或批处理文件。脚本通常可以由应用程序临时调用并执行。各类脚本目前被广泛地应用于网页设计中，因为脚本不仅减小网页的规模和提高网页浏览速度，而且可以丰富网页的表现，如动画、声音等。举个最常见的例子，当我们点击网页上的E-mail地址时能自动调用Outlook、Express或Foxmail这类邮件软件，就是通过脚本功能来实现的。简单来说，就是执行某种功能的指令集。例如在Flash软件中编写脚本，就可以完成更复杂的动画的变化，使之更加生动有趣。

③ windows视窗操作系统：微软公司生产的"视窗"计算机操作系统软件。

你可以设想一下，如果读者每打开一本新的电子杂志，操作界面都不一样，每次都得重新熟悉操作方法，寻找翻页键、目录键、音乐开关，这就会给读者带来不必要的麻烦，甚至导致操作失误。每发行新的一期就改一次界面布局，不仅功能键的布局不一样，连代表翻页按钮的图标也不一样。如果每次读者都得重新摸索新一期杂志的翻页按钮到底是圆还是箭头，或是别的什么符号，放置在页面的哪个位置，这就造成了阅读过程中的障碍。因此规范电子杂志的界面布局是十分有必要的，也有利于其长远发展。

另一方面，为了打造杂志的个性品牌，在界面设计风格与内页效果上应尽量避免依赖模版集成软件，减少模版的套用，而应结合杂志自身的品牌战略和主题进行设计。如电子杂志《中国国家地理》[①]，它通过创建属于自己的界面设计和页面模版，形成了独有的风格。电子杂志应杜绝"千人一面"的现象，大胆开拓创新。

总的来说，电子杂志的制作软件只是工具，并不能因此决定杂志的风格面貌。设计师应该同时精通几款电子杂志的制作软件，取长补短地发挥软件的性能，制作出不落俗套的优秀作品。

图13 Flash界面图

---

① 《中国国家地理》：是其同名印刷杂志的电子杂志版，内容相同，从地理和人文的角度报道全国的秀美山川。智通提供技术支持，设计制作精良。

2.2.4. 合成输出

电子杂志的生成格式根据软件不同会略有不同，但主要是 exe 的格式。这种格式最大的特点就是阅读方便、制作便捷，制作出来的电子读物相当精美而且无需专门的阅读器支持就可以阅读。而很多软件在生成杂志时会自动生成 exe 的格式，例如 ZineMaker。

2.2.5. 上网发布

我们可以将制作好的杂志发布到网络上，提供读者下载。例如"无纸发行"（The Paperless Publishing）的在线网站（spotbit.com）就提供电子杂志上传、下载、在线阅读、付费电子杂志等服务。

2.2.6. 电子杂志的设计特点

电子杂志的设计也因为媒介的数字化，出现了以下一些新的特点：

一是"服务化"。服务化指超越物质实体所能提供的物质服务以上的服务，由于其数字化环境和多媒体技术，电子杂志能够提供超越印刷杂志的更多服务。例如电子杂志《Trends》[①]，这是一本英文学习的有声杂志。它不仅仅在页面上图文并茂，还在每篇课文中都设置了自动朗读功能，方便学习者跟读，并提供课文翻译与重点词汇的有声讲解。而在它的读编互动平台中，设置了点击就可以登陆Trends在线网站的网址链接，方便读者与编辑互动，并提供进一步的英语学习资源服务。在这本杂志的阅读过程中，处处都可以感受到电子杂志考虑周到、为读者提供便捷、人性化服务的优势。另外，又如电子杂志《瑞丽·妆》[②]，其中有一个页面试图给读者展示一种很复杂的盘头发的效果。试想一下印刷杂志的设计师会怎么做呢？由于页面的限制，设计师只能选取几个关键步骤的照片和文字来说明，但在采用了多媒体技术的电子杂志中，读者可以观看讲解盘头发的全过程视频，在用Flash制作的互动项目中，读者通过拖曳鼠标可以看到各个角度的效果。可以说，电子杂志提供了一种

---

① 《Trends》：英文学习的有声杂志。详情请登录www.magbox.com。
② 《瑞丽·妆》：《瑞丽》的电子杂志版，内容与之相近，以女性读者为主。

全新的阅读体验，服务更加周到、便捷。

二是"人性化"。设计本身并不是目的，必须以使用者为核心。人性化的设计要求电子杂志在色彩、尺寸、界面操作等各个方面符合读者的需求。当今电子杂志设计师必须在人机工程学、心理学、生理学等领域进行研究，关注读者的心理、生理需求和使用环境对读者的影响，使人与电子杂志形成良好的互动关系。例如在电子杂志中设置的放大镜功能，可为读者放大不清楚的地方，在线链接为想深入了解相关知识的人提供进一步的信息资源，自动翻页使读者轻松浏览杂志，读编互动使读者与杂志编辑可以在线提问解答，而小游戏的设置增添了杂志的趣味性，也让读者在阅读中得到了休息缓冲。正是这些看似不起眼的用心之处，使一本电子杂志的阅读流程变得流畅便捷，更加人性化。

三是"交互化"。设计本身就是一种设计师与使用者的交流。当前人一机之间以及人与多媒体之间的关系正从传统的单向沟通，被动接受，转变成双向交流主动沟通。而电子杂志的交互设计可以被分为三个层次，分别是视觉设计师（Visual Designer）、交互设计师（Interaction Designer）和程序设计师(Program Designer)。"如果按工作内容排序，这三个职位是由浅入深的。视觉设计师负责的是产品外观的设计及创意，即产品看起来如何，要传达给用户一种什么样的视觉美感；交互设计师负责的是产品行为的设计和创意，即用户如何与产品交互，以及产品如何响应用户的操作；程序设计师负责的是产品功能的实现和创意，即产品的运行机制是怎样的，如何使产品的运行更有效率。"三种设计师都是必需的，例如视觉设计师对界面的视觉效果的塑造，交互设计师设计读者的阅读操作，而程序设计师则负责使程序的运行顺畅，不会占用太大的内存。交互设计使设计者与使用者的沟通更加到位，关系更友好，阅读过程也变得更加有趣。

①引自交互设计网站"交互C设计"，一个专业交互设计师讨论的站点。

第三章

电子杂志的制作

电子杂志设计

3.1.鸟瞰

3.1.1. 电子杂志技术概貌

电子杂志已经成为当前网络上十分具有潜力的媒介形式，从最早的电子邮件形式、网页形式到今天比较常见的虚拟书页式电子杂志，已经深刻地影响到我们的阅读方式。过去，杂志的发行制作对大多数普通人来说是属于专业人员的工作，是神秘而有难度的。但随着社会和科技的发展，数字技术全面地进入了我们的生活，计算机进入设计的各个领域，并发挥了巨大的作用。数字技术给数千年来的传播方式带来了革命性的变革，现在人人都能在互联网上抒写自己的心声，开博客，建个人网站，甚至设计发行自己的杂志，无论什么样的行业，什么样背景的人都可以利用电脑和相应的软件，来设计制作自己的电子杂志了。

现在国内比较著名的电子杂志网站如 Xplus，有上千本电子杂志在线提供免费下载，电子杂志已经涉及了各种门类，成为千万网民喜爱的媒体形式。而国内的电子杂志与国外略有不同的是，国内比较常见的是以 Flash 技术为核心的虚拟书页式电子杂志，而国外则有一部分电子杂志是以 Adobe Reader 的 PDF 格式制作的，不同文件格式的电子杂志之间有所不同。电子杂志本身应用不同的技术就会带来不同的视觉效果，见图 14 Falsh 格式，图 15 PDF 格式。

图14 Flash 格式

    Flash 可以制作出类似书页的效果，模拟真实杂志的翻页而进行阅读。而 PDF 格式则需要通过 Adobe Reader 这样的软件来打开阅读，设计成页面的形式。这样的方式相对来说技术难度较小，但效果上比起被人们称为"富媒体"的集音乐、动画、视频于一身的前者来说，阅读的效果比较单一。

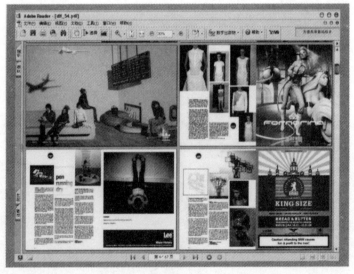

图15 PDF格式

在本书中，以 Flash 技术为核心的虚拟书页式电子杂志的介绍为主，因为目前国内的大多数杂志都采用这样的方式进行制作，这种类型的杂志正逐渐受到越来越多读者的欢迎。

目前的电子杂志制作软件众多，每款都各有千秋。而其中功能比较全面、知名度较高的如电子杂志制作大师ZineMaker，超级精灵等，笔者在此以最常用的软件来介绍电子杂志的制作，希望能对对这一领域感兴趣的读者有所帮助。

3.2.软件简介

3.2.1.ZineMaker电子杂志制作大师简介

电子刊物制作合成软件——ZineMaker，采用国际前沿的构件化设计理念，整合电子杂志的制作工序，将部分相似工序进行构件化设计，使得软件使用者可重复使用、高效率合成标准化的电子杂志；同时软件中建立构件化模版库，自带多套精美 Flash 动画模版及 Flash 页面特效，软件使用者通过更改图文、视频即可实现页面设计，呈现出良好的制作效果；操作简单方便，可协助软件使用者轻松制作出集高清视频、音频、Flash动画、图文等多媒体效果于一体的电子杂志。(引自软件的官方介绍)

ZineMaker 产品特点：

耳目一新的操作界面，简约的设计风格，突出软件界面空间的利用。类似视窗系统的操作界面风格更切合用户习惯，操作简单易学，让用户能迅速掌握使用，功能实用，运行流畅。

☆ 采用了 128 位高强度加密技术，能严格保护用户的 Flash 文件不被恶意破解。

☆ 生成的电子杂志文件是独立的 exe 文件，内置 Flash8 播放器，直接打开就能观看。

☆ 无需其他平台或插件支持，不更改用户电脑的系统及注册表信息，使用更放心。

☆ 全面支持最新的 Macromedia Flash 8 文件格式，展现更佳的音画效果。

☆ 自带多套精美 Flash 动画模版和大量的 Flash 页面特效，让更多的普通用户也能制作属于自己的电子杂志。

☆ 类似视窗系统的界面风格更切合用户习惯，操作简单易学，让用户能迅速掌握使用。

系统需求：

操作系统：WINDOWS 98 / Me / 2000 / XP / 2003(建议WIN2000以上)

处 理 器：Intel奔腾 Ⅲ 或以上兼容的处理器

内　　存：256MB(建议256MB以上)

软件大小：214MB(内含说明文件和帮助)

版　　权：新数通兴业科技(北京)有限公司

ZineMaker 拥有优秀的兼容性，可以导入 Flash 的文件格式 swf 和 fiv 视频。

3.2.2. 软件安装目录

在 ZineMaker 中的安装路径中，我们可以查看软件的各种文件。其中有几个文件夹需要了解。见图 16。

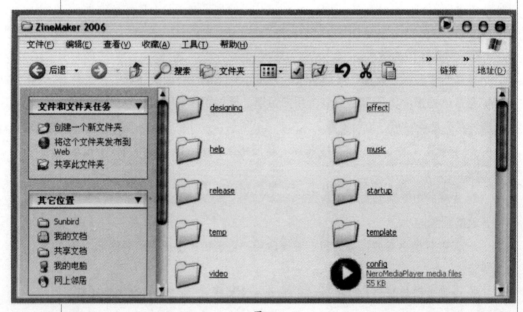

图16

第一个是 designing 文件夹，点击它可以看到一系列的 Flash 的 fla 格式的文件，其中包括封底信息、电子邮件和按钮的fla文件。在其他按钮的文件夹中，有标准（简化）和硬书脊、封面模版、按钮的fla文件。我们可以将这些文件导入 Flash 中进行修改。见图 17。

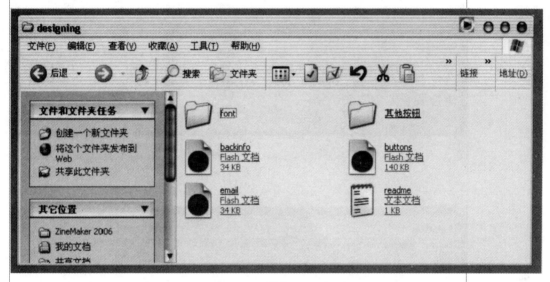

图17

第二个是 effect（特效）文件夹，其中包含各种页面特效。可以在 Zine-Maker 界面中的页面设置下的"页面特效"中进行选择添加。见图 18。

第三个是 music（音乐）文件夹，其中通过导入命令导入并显示在附加文件和页面设置下的音乐文件都保存在这个文件夹中。而音乐文件会在下次打开软件时仍然存在。若想删除以前导入的音乐就可以到这里进行删除。

第四个是 startup（启动）文件夹，在该文件夹中包含了各种启动画面。见图 19。

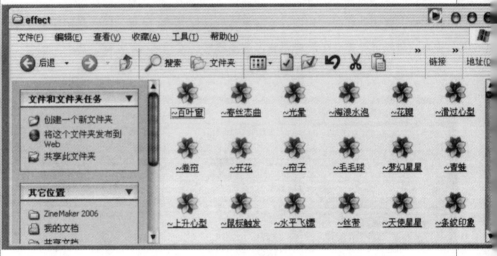

图18

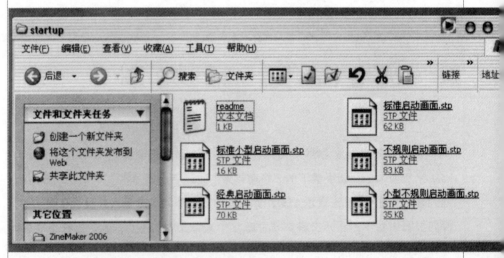

图19

在 ZineMaker 中，一个重要的文件夹就是存放页面模版的地方，即 template 模版文件夹，这也是安装模版文件的默认路径。为了对模版有一个清晰的管理，建议读者将模版进行分类，例如图片类、文字类、目录类、视频类。见图 20。

图20

同时在该文件夹中也包含了 ZineMaker 自带的四个杂志模版，在软件的新建杂志面板中显示的就是这四个模版。每个模版都可以通过模版查看器观看，并进行安装。见图 21。

图21

此外，在这个文件中还包含了杂志的默认标志 logo 文件和图标文件
icon。我们可以使用其他的软件制作自己的杂志标志和图标。见图 22。

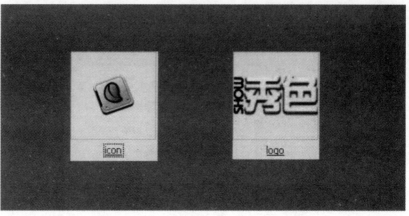

图22

最后是视频 (video) 文件夹，它和音乐 (music) 文件夹的作用类似，也是
用于存储外部导入的视频文件的。而 ZineMaker 中所有的导入文件都会被转
为 flv 格式的视频文件，可以使用 flvplayer 播放器打开。见图 23。

flv 也是软件 Flash 的视频格式，我们也可以在Flash软件中直接导入 avi
等格式的文件输出成为 flv 格式。

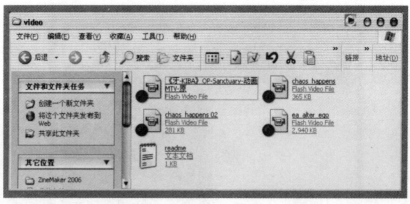

图23

3.2.3.ZineMaker支持输入的格式

在 ZineMaker 中，可以导入多种不同格式的文件，例如音乐、图片、视频等，进而综合制作出效果丰富的电子杂志。

ZineMaker 支持的音乐格式有 mp3，wav 格式文件。

ZineMaker 支持的视频格式有 Windows 的视频格式avi，MEPG 影片的 mepg 格式，WindowsMedia 的wmv 和asf 格式，数字视频的 dv 和 dvi 格式，QuickTime 影片的 mov 格式，Flash 视频的 flv 格式。

ZineMaker 支持的特效格式有 swf，efc 格式，能为页面添加丰富的效果。支持的图形文件有jpg和png。

3.2.4. 鸟瞰软件

安装 ZineMaker 并不复杂，在这里就不赘述了。打开 ZineMaker，让我们先来认识一下它的工作环境。

ZineMaker 通过导入前期制作好的素材进行合成，例如在 PhotoShop 中预先制作好的静态页面，Flash 中制作好的视频，导入该软件中添加音乐、文字等效果，可生成一本流光溢彩的电子杂志。

ZineMaker 还有一个特点，就是操作上的简明易学，十分容易上手。界面分区见图 24。

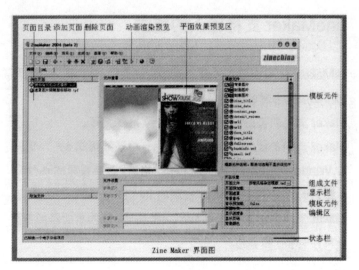

图24

3.2.5. 基本术语

电子杂志的制作和所有专业领域一样，有一些概念是需要了解的。

模版：电子杂志中的模版其实和大家比较熟悉的 PowerPoint 中的模版概念有相通之处。电子杂志软件中，将页面制作成模版，使用者只需选择适合自己需求的模版，然后替换模版中的文字、图片，插入动画、视频等各种元素，可节省大量时间。

特效：我们可以把它理解为在页面上的装饰，它不影响页面或模板的内容，而是单独加上去的独立元素。例如读者在前面的"effect"文件夹中看到的"海浪水泡"特效。这是很常见的特效之一，选用了此特效，则在页面的下方会出现海浪水泡的动画，如果不需要了，可以删除它而不会对页面造成破坏。

Flash：Flash 是我们在谈到电子杂志时一再提到的概念，它是电子杂志制作的技术核心之一。也可以使用Flash软件完成杂志的制作。

变量：在杂志的页面模版中，可以修改替换的元件中的数值、文字等。

例如修改杂志的音乐音量等。

此外，我们还要了解的是该软件中的一些图标。在软件的安装目录下，它们分别代表不同的文件格式。

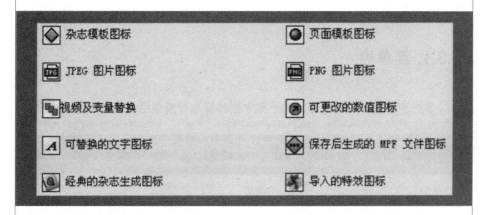

在 ZjneMaker 中，杂志有四种模版，可分为两类。标准模版为平装书，而硬书脊风格杂志模版则类似于精装的效果。见图 25、图 26。

图25 标准　　　　　　　　　　图26 硬书脊

3.3.界面操作

在学习ZineMaker软件前，我们首先对软件的界面作一个了解。ZineMaker 2006 的整个操作界面大致分菜单栏、工具栏、编辑栏、XML 栏。我们将按照顺序依次进行讲解。

3.3.1. 菜单栏

首先来看菜单栏的命令。关于菜单栏的基本设置包括的内容见图 27：

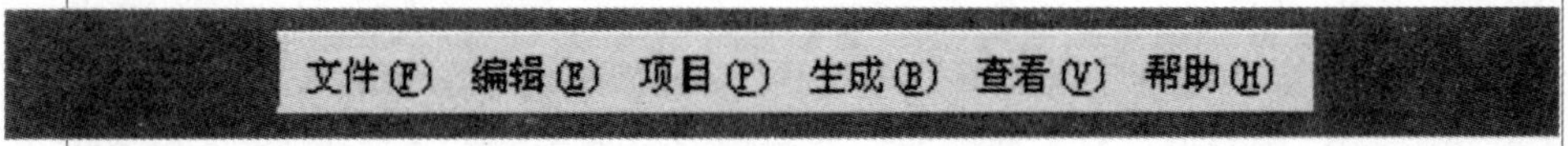

文件 (F)　编辑 (E)　项目 (P)　生成 (B)　查看 (V)　帮助 (H)

图27

（1）文件菜单：在这个菜单中能够完成杂志的几个基本操作，例如新建杂志、保存杂志及导入外部文件。见图 28。

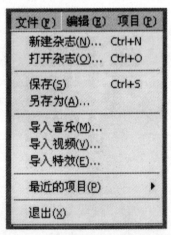

图28

新建杂志：一本杂志的创建从新建杂志开始，并在相应的对话框里选择杂志的杂志模版风格。见图 29。

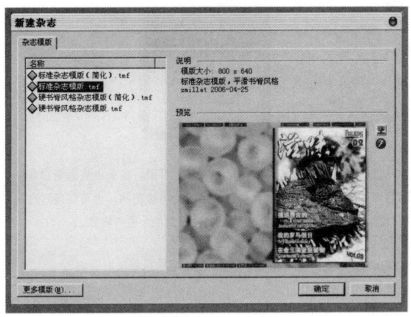

图29

打开杂志：打开已经创建的杂志文件。

保存：软件默认的保存格式为 mpf 格式。

另存为：保存为软件默认的 mpf 格式。

导入音乐：ZineMaker 支持的音乐格式有 mp3，wav 格式文件。

导入视频：ZineMaker 支持的视频格式有 Windows 的视频格式avi，MEPG 影片的 mepg 格式，WindowsMedia 的 wmv 和 asf 格式，数字视频的 dv 和 dvi 格式，QuickTime 影片的 mov 格式，Flash 视频的 flv 格式。

导入特效：ZineMaker 支持的特效格式有 swf 和 efc 格式，能为页面添加丰富的效果。

最近的项目：打开最近制作的 mpf 文件。

退出：关闭该软件。

（2）编辑菜单：主要对杂志的页面顺序进行调整。见图30。

图30

页面上移：在未选取页面时，该功能不可用。在杂志页面窗口中，选中页面后对页面进行向前移动。和对应按钮的功能相同。也可以通过在杂志页面窗口选中页面后点击右键，在弹出的快捷菜单中进行操作。

页面下移：与页面上移基本相同，只是它让页面往后移动。

删除页面：选中要删除的页面，此命令可将页面删除。

页面重命名：由于软件中默认的是模版的名字，如果多次在同一杂志中运用相同的模版，就会出现多个同名的页面，让人混淆不清。设计者可以将页面设置为页码的名字，或重新为页面命名。

删除附加文件：在软件中可以导入图片、视频、音乐文件等资源，它们自动保存在软件的安装目录中，并可以随时添加或删除。

（3）项目菜单：在该菜单中的命令功能和工具栏中的对应工具作用相同，可以为杂志添加不同类型的页面。见图31。

添加模版页面：添加杂志自带的模版。

添加 Flash 页面：添加 Flash 软件制作的页面，ZineMaker 支持 Flash 的 swf 文件格式。

添加图片页面：从外部调入图片可以用作替换页面模版中的图片，或作为页面。

添加附加文件：从外部调入图片、视频、音乐文件等资源，显示在"附加文件"栏中。

图31

（4）生成菜单：该菜单中的命令功能可以对杂志的输出进行设置。见图32。

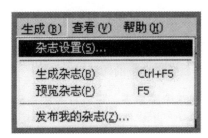

图32

杂志设置：点击后出现一个新的窗口，对杂志的基本信息进行修改。包括杂志信息，例如杂志生成的保存路径，图标文件的自定义，窗口大小的设置。见图 33。

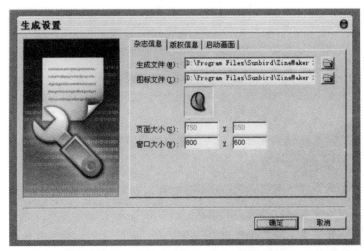

图33

版权信息在默认状态下显示为软件信息。包括产品名称，公司名称，说明，版权。也可以在这里自行设定。

启动画面的设置指的是杂志打开时的画面。默认可选择的有 5 个选项，点击右方的放大镜图标可以浏览启动画面的效果。

Logo 文件指的是杂志启动画面中的标志，图片格式为 png，可以使用其他软件制作导入。（见软件安装目录）

生成杂志：杂志自动将文件打包，生成 exe 格式的程序文件。这样电子杂志就算制作完了。

预览杂志：这个功能可以在生成杂志后查看杂志制作完成后的实际效果如何，使用者可以反复使用预览检查杂志。

发布我的杂志：这个功能从 ZineMaker 的官网关闭后就不可用了。制作者可以选取将杂志发布到提供上传的网站以供观看、下载。

（5）查看菜单：在这个菜单下，可以打开或关闭各种栏目的显示隐藏。勾选工具栏，则显示该栏，反之，隐藏该栏目。建议读者勾选所以栏目。见图 34。

图34

工具栏：勾选就显示常用工具栏。

状态栏：显示软件的状态。例如刚刚生成了杂志，它便会在软件最下方的状态栏中显示出"生成杂志完毕"。

图片方式查看：与对应的按钮功能相同。以静态的方式查看。

动画方式查看：以动画方式查看。

播放背景音乐：检查背景音乐的设置。

显示页码：这是一个十分有用的功能。由于 ZineMaker 的页面都是左右页面合为一页，所以页码都是"0，2，4，6"等双数。通常"0"就是杂志的模版本身。

（6）帮助菜单：在这个菜单中可以找到软件的帮助文件和版权关系。见图35。

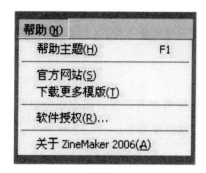

图35

帮助主题：显示软件的帮助文件。

官方网站：ZineMaker 原来的官网，现在已关闭。

下载更多模版：使用者可以到电子杂志相关网站下载。

软件授权：该软件分为免费版、专业版和企业版。可以购买软件激活码进行注册。

关于 ZineMaker 2006：点击显示该软件信息。

3.3.2. 工具栏

工具栏的图标在菜单栏的下方。主要包括新建杂志、打开杂志、保存、添加模版、选项添加、页面上移、页面下移、删除页面、图片方式查看、动画方式查看、播放背景音乐、杂志设置、生成杂志、预览杂志、帮助等按钮。见图 36。

图36

新建杂志：创建一本新的杂志。可以选择创建四种模式，包括标准杂志模版（简化）、标准杂志模版、硬书脊风格杂志模版（简化）和硬书脊风格杂志模版四种模版。

打开杂志：将软件原先保存的 mpf 文件打开。

保　存：将未制作完成的杂志用 mpf 格式保存。mpf 是 ZineMaker 的默认格式。

添加模版：选择模版添加到页面。点击就会出现各种页面的模版，例如文字模版、图文模版、视频模版等。

选项添加：点击选择添加模版、Flash 或是图片页面。可以从外部导入非模版的页面，例如 jpeg 格式的图片或 swf 的 Flash。

页面上移：该选项需要选中要移动的页面才呈现为蓝色的可选取状态，点击该图标将选中的页面向前移动。

页面下移：和页面上移一样，选中要移动的页面点击该图标将页面向后移动。

删除页面：选中要移动的页面，点击该命令将页面删除。

图片方式查看：对模版而言只显示预览静态图片。如果插入 Flash 页面，则还是以 Flash 形式表现。

动画方式查看：主要用于查看动态的页面，可以一边修改杂志页面一边查看其动画效果。但这种方式会比较占用系统资源。

播放背景音乐：由于 ZineMaker 支持对不同的页面上添加不同音乐，因此设计者可以根据页面的内容和风格选择相配的音乐，选中该项，就可以即时听到选中页面的背景音乐。

杂志设置：对杂志的基本信息进行修改，点击后会弹出一个窗口，包括杂志信息、版权信息和启动画面的设置。读者可以在其中设置生成杂志的保存文件路径，导入自制图标等。

生成杂志：点击后会弹出一个窗口，自动将文件生成杂志EXE文件，在该窗口中可以看到生成时间和相关信息。

预览杂志：在杂志制作过程中对杂志进行预览。其效果和生成杂志后的效果是一致的，是很好的检查方式。

发布我的杂志：这个功能从 ZineMaker 的官网关闭后就不可用了。可以将杂志上传到提供上传的网站。

帮助主题：ZineMaker 2006 的帮助文件。

3.3.3. 编辑栏

编辑栏与 XML 栏的默认按钮在界面的图标工具栏左下方，默认显示为编辑栏的窗口。其中包括了杂志页面、附加文件、元件查看、元件设置、模版元件、页面设置几个部分。见图37。

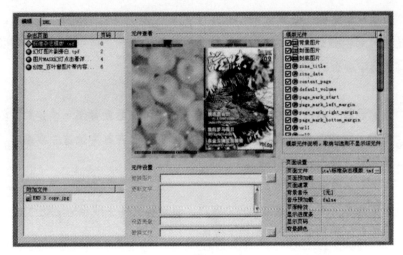

图37

（1）杂志页面是一个显示全部杂志页面的区域。通过这个面板可以调整页面的顺序，并结合元件查看的预览功能，查看每个页面的制作情况。如果选择了显示页码，则在该处出现杂志的页码，默认的封面页码是 0。通常在制作过程中页码会以偶数形式出现，因为电子杂志将左右两个页面合在一起计算，所以在杂志页面区域下的页码常见的是"2、4、6、8"等偶数。

（2）在杂志页面下方是附加文件，所有通过外部载入Flash的文件都归为附加文件。如：通过 load movie 载入的 swf 文件，加载视频的 flv 文件等。

（3）元件查看是一个缩小了的预览窗口，有两种预览方式，一种是静态的预览，页面不显示动画，而动画的查看方式比较接近最终的制作效果，但会比较占用系统资源。同时，如果此时在杂志页面中选中了杂志的封面，就可以在元件查看中预览整本杂志，效果和预览按钮相同。所不同的是这是在元件查看的小窗口中，而预览按钮则产生全屏预览。

（4）元件设置可以说是用于编辑修改页面模版的，它可以和模版元件组合应用，替换一个页面模版中的不同部分。例如替换图片、文字内容、修改音量大小等。是模版自定义的常用部分。在下图中，我们替换的是目录中的杂志期号，修改元件设置下的"更新文字"的值"05"即可实现替换。见图38。

图38

（5）模版元件中显示页面模版的各种组成元件，例如背景图片、网址链接、文字等，读者根据自己想要替换的内容选中元件，并在元件设置中更改变量，例如替换图片等。选中单个元件时，在元件查看中会出现相应的元件显示，若要返回查看修改后整个页面的效果，只需再点击杂志页面面板中的页面即可。每个元件前都有一个选框，只有在前面勾选了选框，该元件才会在页面预览中显示。

（6）在 ZineMaker 中，我们可以通过页面设置修改页面设置属性，给杂志的页面添加多彩的特效和音乐等。见图 39。

图39

页面预加载：点击"页面设置"的"页面预加载"下拉框，选择 true 或者 false 来决定是否进行页面预加载。

加载页面遮罩：点击"页面设置"的"页面遮罩"下拉框，选择 true 或者 false 来决定是否需要页面遮罩。

插入页面的背景音乐：打开"页面设置"的"背景音乐"浏览框，选择所需要的音乐文件。（背景音乐的详细添加方法请参考：3.4.4 添加音乐。）

音乐预加载：点击"页面设置"的"音乐预加载"下拉框，选择 true 或者 false 来决定是否进行音乐预加载。

插入页面特效：点击"页面设置"的"页面特效"下拉框，选择所需要的页面特效。

显示进度条：点击"页面设置"的"显示进度条"下拉框，选择 true 或者 false 来决定是否显示页面的进度条。见图 40。

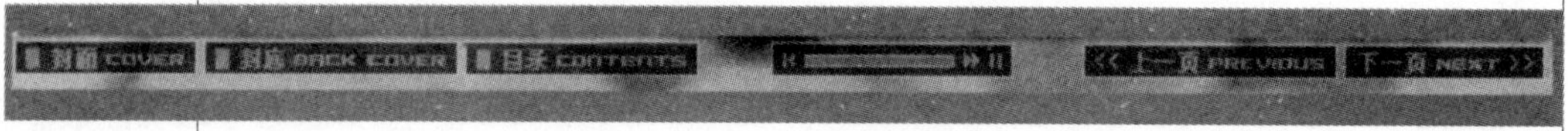

图40

显示页码：点击"页面设置"的"显示页码"下拉框，选择 true 或者 false 来决定是否显示页码。（注意：显示页码对硬书脊风格杂志模版无效。）

设置背景颜色：点击"页面设置"的"背景颜色"下拉框，选择所需的颜色。（注意：只适用于模版页面，应根据页面的文字色彩选择背景的色彩。见图 41、图 42。）

图41   图42

3.3.4. XML栏

精通 XML 语法基础的用户可以修改 XML。制作电子杂志的所有设置项都可以在 XML 语言中找到并修改。见图 43。

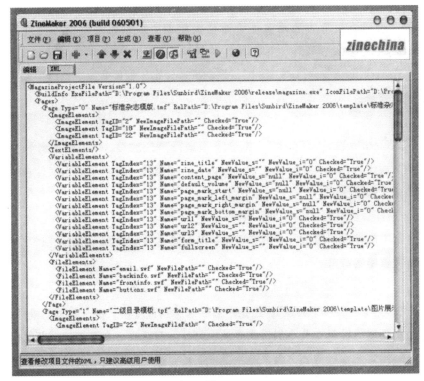

图43

下面以图 43 中的 XML 语言为例分析：

<Page Type="0"Name="标准杂志模版.tmf" RelPath="D：\Program Files
\ Sunbird\ZineMaker 2006 \ template \ 标准杂志模版.tmf" PreLoad="False"
Mask="False"BackgroundSound="［无］"SoundPreLoad="False"Effect="
ProgressBar="False"ShowPageMark="False"BackgroundColor="16777215">

这一段 XML 语言中就包含了封面模版的基本信息。在 ZineMaker 中，
默认的杂志封面模版所在的页码是 0，所以在语言中显示为"Page Type="0""。

"RelPath="D：\ Program Files \ Sunbird\ZineMaker 2006 \ template \ 标准杂志
模版.tmf""显示的是杂志的模版路径，也就是杂志的封面模版在电脑中的
存储路径。

"PreLoad="False"Mask="False""，PreLoad是指杂志的页面预加载是否
在读者打开时预先加载到内存中。而"False"则意为不进行预先加载。
"Mask="False""意为遮罩也不进行预先加载。如果要进行预先加载则将
"False"改为"True"即可。

"BackgroundSound="［无］""，是指是否设定了背景音乐。这里显示为没
有指定背景音乐。

"SoundPreLoad="False""，指音乐不进行预先加载。我们不推荐预先加
载的方式，因为这样会占用比较大的内存，尤其是一些背景音乐文件占用空
间比较大的情况下。

由于是杂志的模版，而不是页面，所以无法添加特效。"Effect="""即为
特效在这里不可用。

"ProgressBar="False""，是指不显示杂志的进度条。在一些页面模版中，
一个页面里往往带有几个幻灯式播放的画面，而这样一个页面的浏览是需要
一点时间才能播放完的，为了避免读者未看完整个画面的播放就翻页了，所

以安排了一个页面的进度条来显示页面播放的完成度。

"ShowPageMark="False""，意思是不显示页码，如果需要显示则将"False"改为"True"即可。

"BackgroundColor="16777215""，是指杂志的背景颜色的编号。在编辑中的页面设置中可以进行相应的颜色设定。

"<ImageElements>"指图片元素。

"<TextElernents / >"指文字元素。

"<VariableElements>"指模版中的变量。其下包括了杂志模版的众多设置，例如杂志界面按钮的文字修改。与编辑栏中的模版元件相对应。

"zine_title"，即杂志的标题。

"zine_date"，即杂志的发行日期。

"content_page"，指杂志的目录页面所在位置，默认的数值为"2"，即封面过后翻开的第2页。

"default_volume"，指杂志的音乐播放音量。默认为"70"。数值越大声音越大。

"page_mark_start"，指杂志的页码以多少开始，一般我们都使用默认的"0"，即杂志模版的页码为"0"。后面的页面页码都是双数，如"0、2、4、6"等，因为电子杂志是按照左右双页计算的。

"page_mark_left_margin"，"page_mark_right_margin"，"page_mark_top_margin"，"page_mark_bottom_margin"用于设定杂志的几个页边距，分别是左、右、上、下四个页边距。默认值为"3"。

"url1"用于指定该按钮链接的网址。

"form_title"，指该杂志在读者的任务栏显示的文字。

"fullscreen"，指杂志是否以全屏的方式打开。

"email.swf，backinfo.swf，frontinfo.swf，buttons.swf"是指电子邮件、封底信息、封面信息和按钮。这几个文件在软件安装时存放在软件目录中的designing文件夹里，由于是swf格式的文件，因此可以使用Flash软件打开。（参看软件安装目录一节）

3.4.杂志制作

3.4.1. 新建杂志

新建杂志的操作十分简单。顺序点击工具栏的"文件"，"新建杂志"，快捷键为 Ctrl+N。打开一个新的窗口，这里有四个模版可供读者选择，并可在右边的窗口中预览效果。其中标准杂志模版在视觉上模拟了软皮封面的效果，而硬书脊风格杂志模版则模拟了硬皮封面的杂志效果。此外，两种杂志的简化版本简化了部分杂志上的功能按钮。例如推荐给好友、联系方式、目录等功能按钮。见图44、图45。

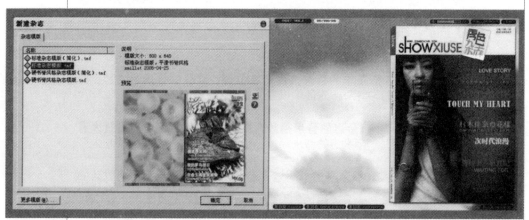

图44   图45

在名称栏中选择一个需要的杂志模版，右边会出现相应的模版的说明，选择完成之后点击"确定"按钮，关闭窗口，回到主界面。

此时，在界面中的元件查看窗口下，可以看到所选择的模版。点击杂志上的按钮可以翻动杂志，预览整本杂志的效果。

注意：此时，杂志的查看方式必须是以动画方式查看。否则预览会以静态图片的方式呈现。

3.4.2. 添加页面

（1）添加模版页面：在该软件中，杂志自带的页面以模版的方式存在，点击工具栏的"项目"，就能添加模版页面。根据模版的分类可以选择不同类型的模版。选择完成之后点击"确定"按钮。建议制作者按内容在安装目录中进行分类。（注意：模版查看可通过图片方式或动画方式进行静态或动态的查看。）见图46。每个页面可选择1个模版，每个模版可多次选择，同时可通过重命名来区分不同的页面。

图46

替换图片：在软件内对模版页面可以进行自定义，修改模版的内容。例如替换模版的图片，首先添加一个带图片的页面模版。见图47。

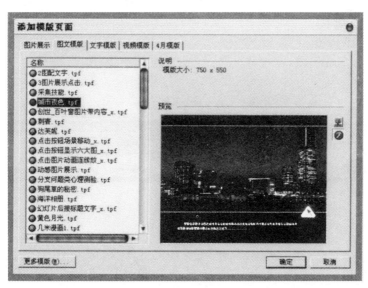

图47

在模版元件窗口中选中需要替换的图片名称，在元件查看中会显示原始图片。在模版元件窗口下显示有该图片的具体尺寸和格式。见图 48。（注意：在 ZineMaker 2006 中有图片裁切功能。）

图48

在元件设置下可点击"替换图片"任务栏尾部的文件夹，从电脑中调用已经准备好的图片文件进行裁切。这时原来的图片就可替换为需要的图片了。见图 49、图 50。

图49

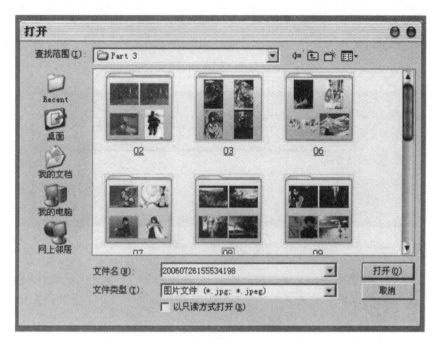

图50

替换文字：在模版元件中选中需要替换的文字点击，在元件查看中会以方框显示该文字所在位置。见图 51。

图51

将元件设置下的"更新文字"处的文字删除，然后输入需要更换的文字信息。见图 52。（注意：更换的字数尽量在给定字数范围内，否则可能会导致显示不全。）

图52

此时，得到替换的文字效果见图53，注意原来的"夜"已经替换为新的文字"桥"。

图53

勾选替换：如果读者不需要模版中的某一部分，可以在模版元件中取消勾选的相应项目。只有被勾选的图片和文字才会在最终的杂志页面里显示。同时，如果没有勾选图片，则相应部分显示为一个红色的色块。例如下图，没有勾选背景图，在背景的部分显示为红色。如果想要不显示该图片可以用完全透明的PNG替换该图片元件。见图54。

图54

　　（2）添加 Flash 页面：Flash 对 ZineMaker 软件可以实现良好的支持，通过 Flash 制作 swf 格式的页面，然后导入 ZineMaker 中。点击菜单栏的"项目"，"添加 Flash 页面"，在文件路径中选择并打开自己制成杂志页面的 Flash 文件即可。（注意：内页 Flash 尺寸：750×550 pixels，可多选。见图55。）

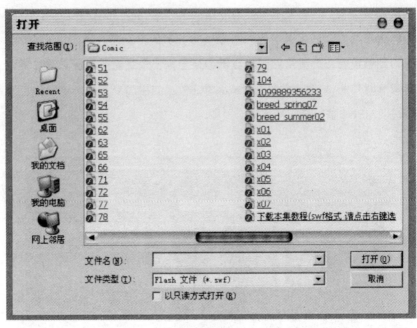

图55

（3）添加图片页面：ZineMaker 中还可以导入在图像处理软件 PhotoShop 等中进行制作处理后的图片当做页面。导入时只需顺序点击工具栏的"项目"，"添加图片页面"，在文件路径下选择并打开作为杂志页面的图片文件进行替换。要注意的是图片的大小尺寸，内页图片尺寸为：750×550 pixels，可以多选，ZineMaker 支持的图片格式有 png、jpeg。见图56。

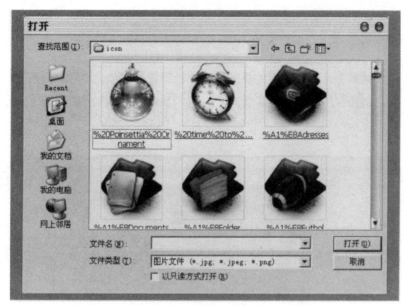

图56

3.4.3. 修改模版

我们可以在新建杂志后立刻修改杂志自带的模版，制作出自己独特风格的杂志。以修改杂志的风格模版为例，首先在"文件"菜单下单击"新建杂志"，在弹出的窗口中选择合适的杂志模版。见图57、图58。

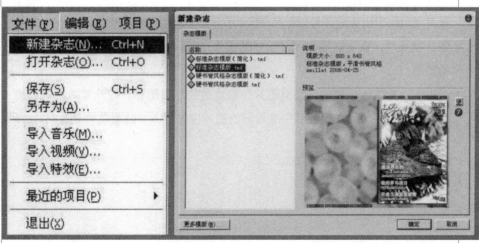

图57   图58

要调整杂志的风格模版，首先在杂志页面中选中杂志模版，然后在界面右边的模版元件中选择相应的元件，我们可以修改所有的元件，例如图片和文字等。见图59。

（1）替换图片：在界面的模版原件中选择背景图片，此时会出现它的相关信息。例如在模版元件下显示了"尺寸：1280×1024 格式 jpeg"。

图59

这里使用的尺寸是目前大多数用户的计算机显示器分辨率之一。可以根据这个尺寸制作出最终大小符合大多数电脑显示器的满屏显示的杂志。背景图片的制作可以在图像处理软件 PhotoShop 中制作完成并导入。（注意：背景图片的尺寸，建议按照模版对尺寸的要求，否则会造成图片变形，影响杂志的效果。）

点击元件设置中的"替换图片"右边的文件夹图标，打开导入图片的对话框，从文件路径中找到已经准备好的图片文件导入。注意软件只支持 jpeg 格式的图片。见图60。

图60

以相同的手法，替换杂志的封面图片。封面图片大小尺寸为
387×550pixels，格式为 jpeg。在模版元件中选择封面图片，然后点击"替
换图片"任务栏尾部的文件夹，替换图片文件。（注意：封面图片的尺寸，
建议按照模版对尺寸的要求，否则会影响杂志的效果。）

（2）更改变量ZineMaker中的变量，就是指在模版元件中可修改的数值、
文字等。例如，在杂志的界面中功能按钮的信息，可修改杂志的名称、刊号、
发行日期等。见图61。

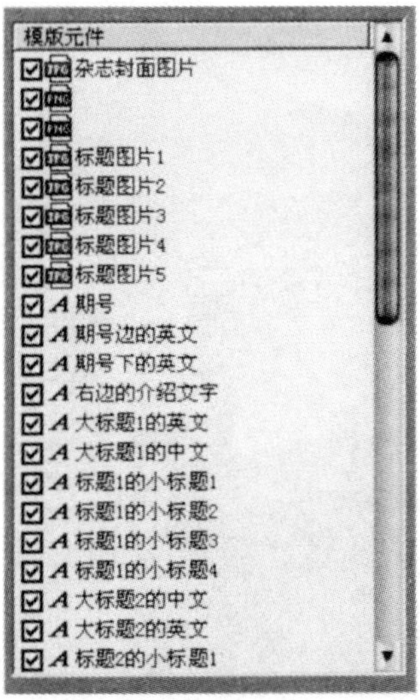

图61

A.首先选中模版元件的 zine_title 变量，在元件设置的"设置变量"栏中出现软件的默认信息，修改并填入所需的杂志名称和刊号。修改日期的手法同上，选中杂志模版的zine_date变量，在"设置变量"栏中填入所需的日期。见图62、图63。

图62

B.第二个变量是"content_page"（目录页面）。在 ZineMaker 中，目录页面是一个可以放在任何一页的目录模版，以添加页面的方式添加。我们可以模拟印刷杂志，先放一个环衬页面，再加入目录。但在背景图片上的功能按钮所指的目录跳转却是默认的第二页。所以在这样的情况下，必须让插入目录的页数与该变量相对应。方法是选中杂志模版的 content_page 变量，在"设置变量"栏中填入目录实际所在的页码。

C.接下来的变量是"defatlt_volume"（默认音量）。大多数电子杂志都是带有音乐的，读者可以自行设定音乐的音量大小。在模版元件中，选中杂志模版的 default_volume 变量，在元件设置的"设置变量"栏中填入音量的大小参数。见图63。

图63

D. 第四个变量是修改页码起始处的"page_mark_start"，我们以标准杂志模版为例，修改杂志开始的页码。选中杂志模版的 page_mark_start 变量，在"设置变量"栏中填入所需的初始页码。图中所示的初始页码是从 0 开始计算页数的。见图 64。

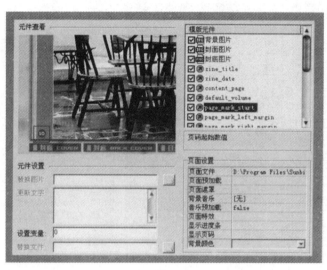

图64

E. 接下来是"page_mark_left_margin"（修改页码左边距），选中模版元件窗口中的 page_mark_left_margin（修改页码左边距）、page_mark_right_margin（右页码边距）和 page_mark_bottom_margin（底部距离）。在"设置变量"栏中填入所需的初始页码边距即可。

F. 电子杂志的一大特色在于它与网络的互动。电子杂志可以设置登录网站的链接按钮。选中杂志模版的url变量，在"设置变量"栏中填入所需链接的网址。见图65。

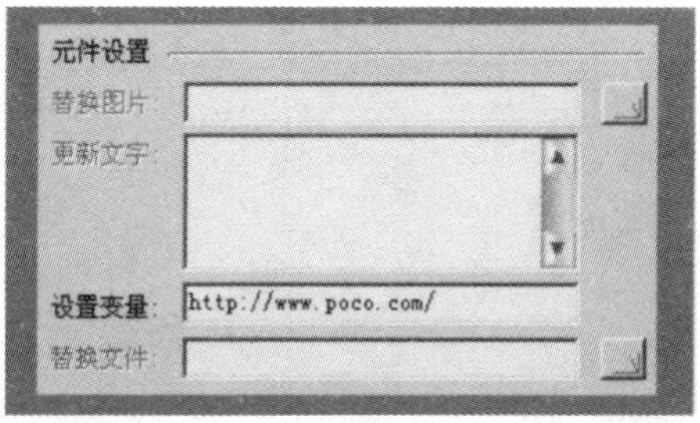

图65

G. 我们还可以修改电子杂志在任务栏上显示的标题。选中杂志模版的 form_title 变量，在"设置变量"栏中填入所需的标题信息。见图 66。

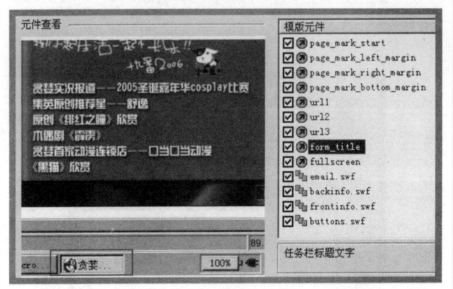

图66

H. 电子杂志的显示方法包括全屏和 1：1 大小的方式，默认打开杂志需要全屏时选中杂志模版的 fullscreen 变量，在元件设置的"设置变量"栏中填入"true"；否则填入"false"。

I. 在电子杂志的杂志模版中包括了按钮风格、电子邮件和杂志制作信息的元件。我们可以在模版元件中选择 buttons.swf，email.swf，backinfo.swf 这几个元件，然后在元件设置下的替换文件中导入使用 Flash 制作的 swf 格式的文件。buttons.swf 用来指定按钮的风格，email.swf 可以指定电子邮件的联系方式，而 backinfo.swf 则可以指定杂志的制作信息。见图67。

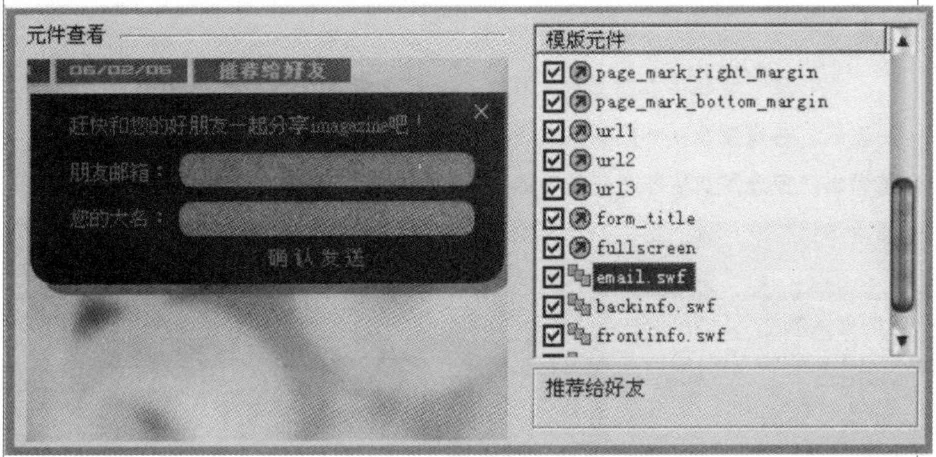

图67

这些 swf 格式的原文件保存在安装路径下的 designing 文件夹里，这个文件夹包含了 Backinfo（制作人员信息），button（按钮），email（联系的电子邮箱）的原文件，即 Flash 软件制作的 fla 格式文件。这些文件需要使用 Flash 8.0 正式版或更高版本才能打开。见图 68。

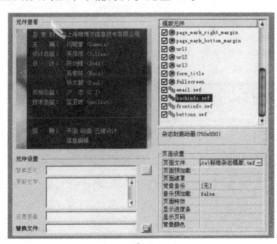

图68

J. 此外，电子杂志还可以设置动画封面，我们首先选择一个非简化标准杂志模版。选中模版元件处的"frontinfo.swf"，下方就会出现杂志封面动画的说明（注意：添加的 swf 文件尺寸：750 PX 宽×550 PX 高，帧频：30 FPS 的规定尺寸）。然后从"替换文件"后面的文件夹中调出需要的动画页面即可。

3.4.4. 添加音乐

我们可以给电子杂志添加音乐，在不同的页面内容中搭配与内容相符合的音乐。首先需要从外部导入音乐文件。顺序点击"文件"，"导入音乐"。接着弹出打开导入对话框，选择需要导入的音乐。见图69、图70。

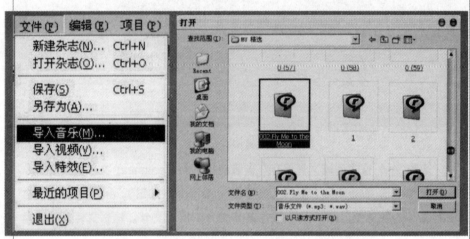

图69   图70

接下来，弹出"导入音乐"对话框。建议点击使用默认值。选择勾选"立体声"。确定后点击"导入"。见图71。

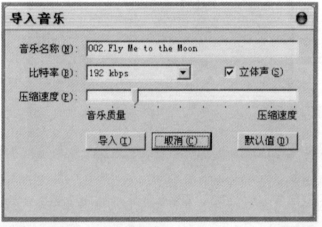

图71

比特率：比特率越高音质就越好，但文件占用空间量也就越大。

压缩速度：从左到右是由快到慢，对音质没有影响。

在导入音乐后，我们就可以在杂志页面中选中要添加音乐的页面，然后在界面的右下方的页面设置中，找到背景音乐选项。打开"背景音乐"浏览框，选择之前导入的 mp3 格式的音乐文件。每页都可以添加不同的音乐。见图 72。（注意：可以选中"背景音乐"，按住Alt键再加上键盘的上下方向键逐个选择。如果每个页面需要播放不同的背景音乐，则需要重复以上步骤。非标准格式的 MP3 文件无法加载。）

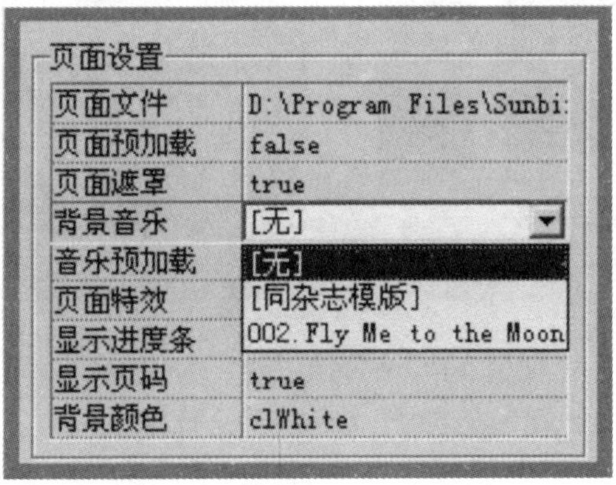

页面设置	
页面文件	D:\Program Files\Sunbi
页面预加载	false
页面遮罩	true
背景音乐	[无] ▼
音乐预加载	[无]
页面特效	[同杂志模版]
显示进度条	002.Fly Me to the Moon
显示页码	true
背景颜色	clWhite

图72

如果想要整本杂志都用同一首歌，可以在杂志页面中选择杂志的总模版，也就是最上面的一项，然后在页面设置下找到"背景音乐"选项，选中"同杂志模板"命令，添加音乐。在这里指定音乐就可以指定整本杂志使用相同的音乐了。

3.4.5. 添加视频

我们还可以添加视频文件来丰富杂志内容。方法如下：

（1）打开 ZineMaker 2006。顺次点击"文件"，"导入视频"。

（2）选择要添加的视频文件，点击打开。见图 73、图 74。

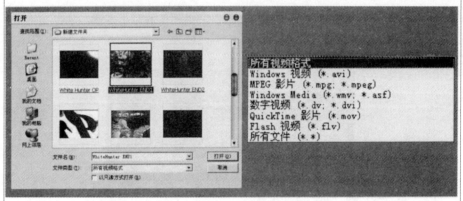

图73　　　　　　　　　　　　　　　　　　图74

（3）跳出"导入视频"选框，修改"导入设置"。

（4）完成后点击"导入"，这样文件会被自动转换为"flv"文件格式。见图75。

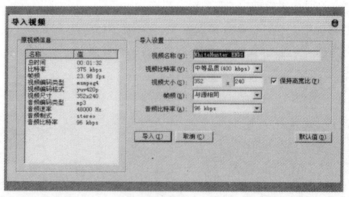

图75

（5）接下来，新建杂志。添加一个模版页面中的"视频模版"。见图76。

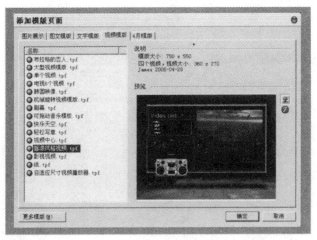

图76

（6）选中"模版元件"中的"videol.flv"视频文件。软件支持 Flash 的视频"flv"文件格式。见图 77。

图77

（7）然后点击元件设置下的替换文件处的文件夹，软件自动在安装目录栏下的"video"文件夹里找到之前导入转换为"flv"格式的视频文件，在打开对话框中选中要替换的文件，单击"打开"就导入了视频。见图78、图79。

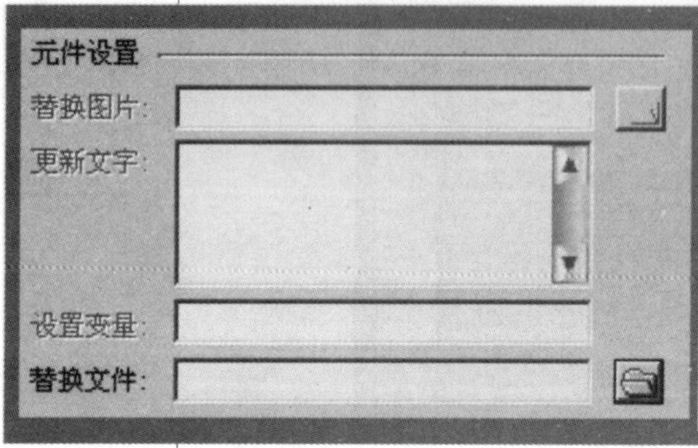

图78 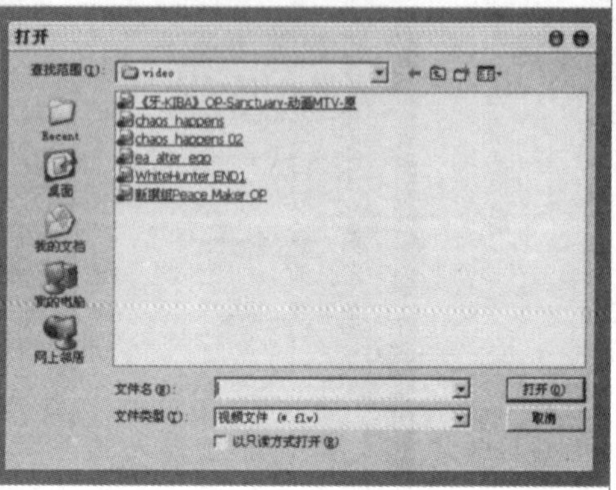   图79

（8）这时在杂志页面中重新选中视频的页面，在元件查看中以动画方式查看就可以看到新导入的视频效果了。见图 80。（注意：如果想查看导入的视频 flv 文件。请选中该文件，点击鼠标右键选择"打开方式"中以"flvplayer"方式打开。）

图80

注意：如果想查看导入的视频flv文件。请选中该文件，点击鼠标右键选择"打开方式"中以"flvplayer"方式打开。

3.4.6. 添加特效

在软件的页面中可以给页面添加特效。方法是在杂志页面下选择要添加特效的页面，然后点击"文件"菜单下的"导入特效"，文件格式为"efc"。可以添加 swf 格式或 efc 格式的文件，这里 Flash 要求尺寸为 750×550 pixels。见图81、图82。

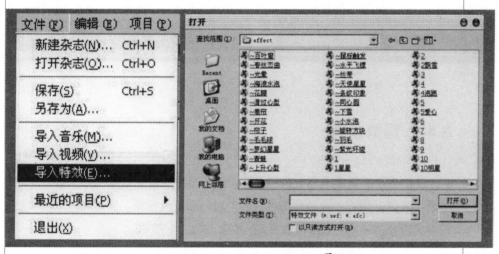

图81   图82

接下来，点击"页面设置"的"页面特效"下拉框，选择之前添加的特效，或是其他页面特效。见图 83。

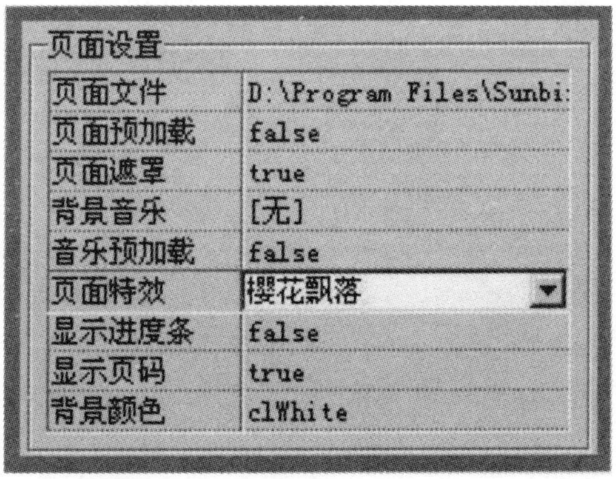

图83

也可以选中"页面特效"按住Alt键再加上键盘的上下方向键逐个选择。在元件查看处会显示添加的效果。见图84、图85。

图84   图85

3.4.7. 预览杂志

我们可以在制作完成后全屏预览，或在杂志页面下选择杂志模版后在元件查看中进行观看，在杂志制作过程中对杂志进行预览。其呈现的效果和生成杂志后的效果是一致的，是很好的检查方式。见图86。

图86

3.4.8. 生成杂志

在生成杂志之前，我们应先预览杂志，查看杂志的最终效果，确认无误后再生成杂志。我们可以通过菜单"生成"下的"杂志设置"设定杂志的相关信息。见图87、图88。

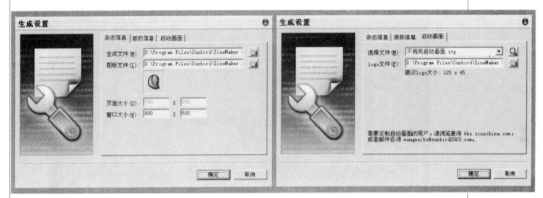

图87   图88

在"杂志信息"下可以设置杂志的生成文件保存位置，选择代表杂志的图标文件和设置窗口的大小。在启动画面中则可以挑选合适的杂志启动画面，这个画面类似于我们打开Word、PhotoShop等软件时所出现的画面。点击"启动画面"下"选择文件"旁的放大镜，就可以看到各种启动画面的预览。见图89、图90。

图89   图90

设置完成，确定没有问题后，点击菜单"生成"，就会自动生成文件，此时会弹出相关窗口显示生成进度。杂志就会自动在 ZineMaker 的安装路径下的 release 文件夹里生成。接着会跳出生成电子杂志的提示框，点击"打开"，会显示生成后的杂志。点击"打开文件夹"，则显示生成杂志的文件夹。见图91。

图91

3.5.拓展运用

3.5.1. 制作图标

要想制作出专业的电子杂志，那么为杂志设计一个个性化图标是非常重要的。通常默认的图标是 ZineMaker 的图标：小树叶。如果想换成自己的图标，就需要我们自己制作一个适合 ZineMaker 的杂志标志。这里使用的是图标制作软件 IconLover。

（1）点击桌面上的 IconLover 软件图标启动软件。

（2）此时，软件会自动弹出一个对话框，我们单击第一项"Creat a new icon"（创建一个新图标），弹出"Open an existing file"（打开已存在的图标文件）对话框，找到电脑中ZineMaker安装路径下的"template"（模版）文件夹下的杂志默认图标。导入后单击对话框的"OK"按钮。见图92、图93。

图92   图93

（3）这时，软件打开工作界面，在屏幕中出现了刚才导入的默认图标。在右侧标明了该文件的信息。见图 94。

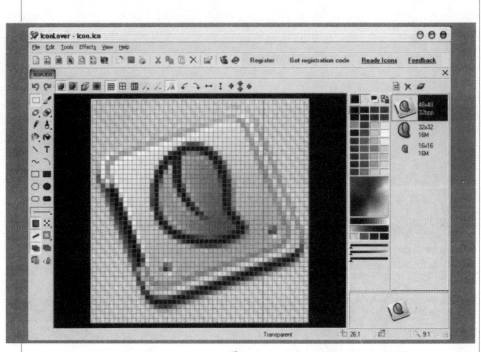

图94

（4）接下来，我们以图片为素材，导入软件制作图标。在"File"（文件）菜单下单击"Make Icon from Image"。见图95。

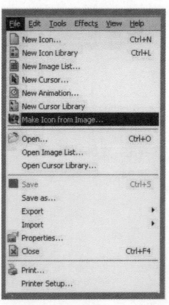

图95

此时弹出对话框，在电脑中找到要用作图标的图片，选中图片并单击"打开"按钮导入。见图 96。

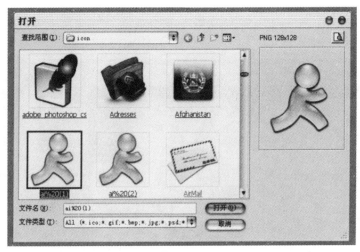

图96

（5）这时会出现如下窗口，保持默认值，单击"OK"按钮即可。见图97。

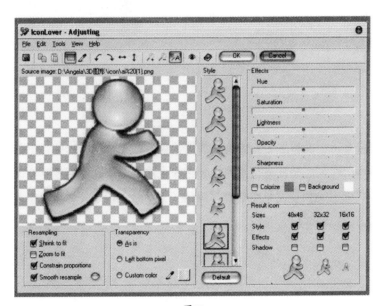

图97

（6）这张图片导入软件后，界面如下图所示。我们在最左边的工具栏上选择选框工具，然后在工作区点击右键，在弹出的快捷菜单中单击"Select All"（选择全部）指令，看到网格边上出现一个灰色选框，再单击"Copy"（复制）指令。见图98。

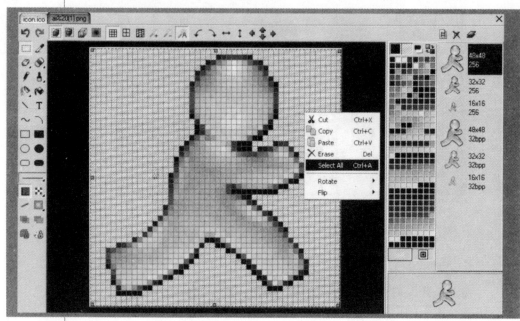

图98

然后单击工具栏下方左边的先前导入的默认图标的文件窗口，回到前面的文件中。在最右边图标信息栏选择带有白底的图标，然后在网格区上单击右键，在弹出的快捷菜单中选择"Paste"（粘贴）指令，将黄色小人的图粘贴到其上。见图99。

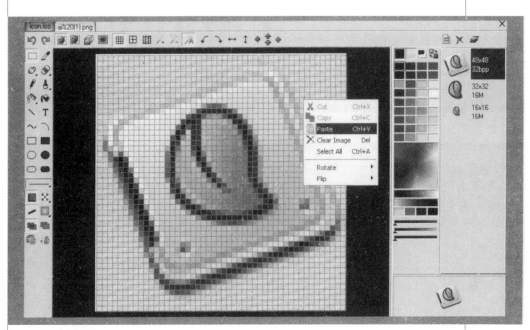

图99

此时得到的效果见下图。注意最右边的图标栏，有白底的图标被替换为黄色小人。这时图标就制作完成了。见图100。

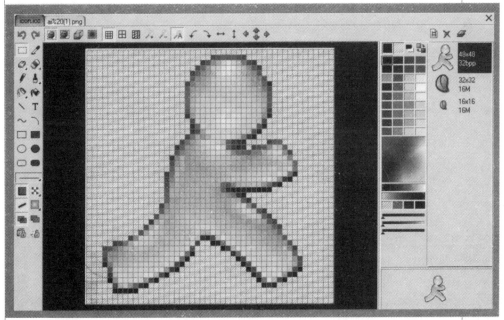

图100

（7）接下来，单击工具栏上的保存按钮，弹出保存对话框，输入文件名，选择保存格式为"ico"，单击保存即可。见图101、图102。

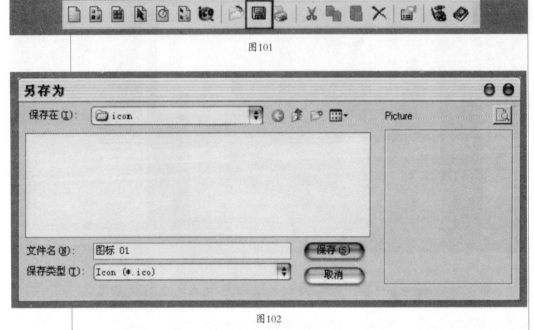

图101

图102

（8）我们制作好的图标效果见图103。

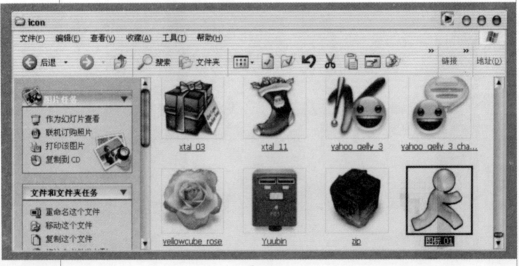

图103

（9）但我们还要将 ZineMaker 默认的杂志图标更改为制作好的图标。运行 ZineMaker 软件，打开已经制作好的"mpf"格式杂志文件，点击菜单"生成"下的"生成设置"，点击"图标文件"旁的文件夹图标。在对话框中找到刚才制作好的图标文件。（注意此时在杂志信息的窗口中看到的仍是原来的叶片）最后生成杂志。见图 104。

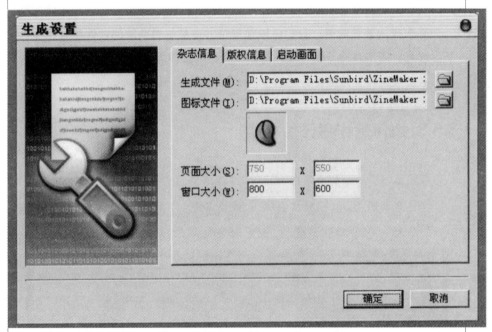

图104

（10）最后我们得到杂志的图标见图105右图。

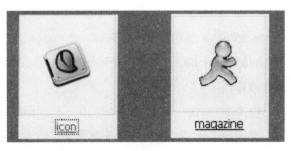

图105

3.5.2. 实现多首音乐连续播放

在ZineMaker软件里，我们可以对杂志的音乐进行设置多种播放方式。例如指定杂志模版中的音乐通用于整本杂志，或者在每个页面中分别使用"页面设置"下的"背景音乐"来指定每个页面不同的音乐。但每个页面插入不同音乐的做法，会在翻到下一页时随即播放下一首而前面的曲子中断。那么，如何实现多首音乐连续播放呢？

其实方法非常简单，我们可以使用带有音频编辑功能的软件将音乐文件拼合起来，将多首曲子组合成一首，然后在杂志模版中导入，作为背景音乐。然后其他页面则在背景音乐中选择"同杂志模版"就可以了。

3.5.3. 如何制作自己的模版

我们可以手动破解模版将其转化为Flash的原文件flv格式，修改模版。

（1）首先找到 ZineMaker 2006 的安装文件夹下的。temp 文件夹。见图106。

图106

（2）打开 temp 文件夹，现在里面应该只有一个 pages_online 文档。

（3）再打开 ZineMaker 2006，新建一个电子杂志，添加你需要破解的页面模版，选择好生成路径。

（4）这时要注意看着 temp 文件夹的变化，点"生成杂志"，一般在"插入翻页背景图片"的时候，在 temp 文件夹中会有模版的 swf 文件生成。见图 107。（注意：此时系统中的文件显示属性必须为显示隐藏文件。）

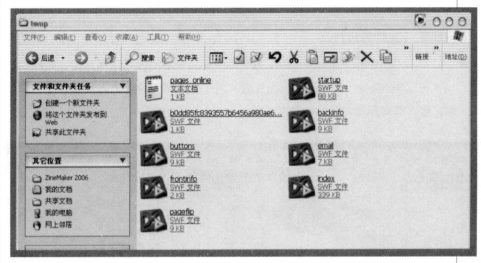

图107

（5）当 temp 文件夹内有 swf 出现的时候，就要把其中的 swf 文件拖出来，这就是破解出来的 ZineMaker 内页模版了。但是注意，速度要快，不然杂志生成好以后，那些swf文件就会消失。

可以在需要破解的模版后面多添加几个模版，来延长 swf 文件在 temp 文件夹里的停留时间。在点"生成杂志"之后，在 temp 文件夹里不断地刷新，可以陆续看到被破解出来的内页模版。如果需要破解的模版很多，建议分多次破解。然后将flv文件导入 Flash 中进行修改。见图 108。

图108

3.6.常见问题

3.6.1.图片剪切

在ZineMaker中替换模版图片时，为了让每幅图片都达到最好的画质效果，图片都有标准的尺寸。见图109。

图109

我们可以在该软件里按比例裁剪所需图片的大小。点击元件设置的"替换图片"旁的文件夹图标，就会弹出对话框，可以选择要替换的图片。当替换的图片尺寸与需要尺寸不符时，就弹出是否需要裁剪对话框，点击"是"按钮，进行裁剪。见图110。

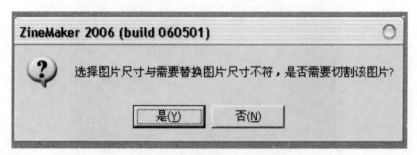

图110

为保证图片画质，尽量使裁剪的图片尺寸大于等于输出大小。裁剪框是按比例缩小放大的。见图 111、图 112。

图111

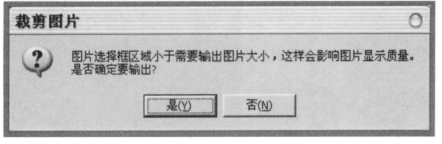

图112

如果裁剪的图片尺寸大于等于输出大小，软件会自动将图片压到规定尺寸。不会对画质有任何影响。点击"确定"。这时会弹出"另存为"对话框，输入新的文件名并保存。见图 113。

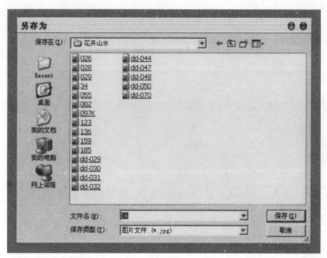

图113

这样在元件查看中就可以看到裁剪好的图片替换了原来的图片。如下图中替换的页面模版的背景图片。见图114、图115。

图114　　　　　　　　　　　　　　　　图115

如果裁剪的图片尺寸小于输出大小，点击"确定"后，跳出"裁剪图片"的提示框。点击"否"将重新裁剪，点击"是"将图片保存并添加。由于图片的尺寸过小，图片精度不高，图片被拉伸后会显得画质比较差。比规定尺寸小的与比规定尺寸大的图片与显示结果见图 116、图 117。

图116   图117

3.6.2.软件的基本查看方式

我们可以点击菜单"查看"选择需要的查看方式。见图 118。

Flash 方式查看：可以即时看到电子杂志的动画效果。这种方式比较占用系统资源。

图片方式查看：只能看到预览图片。如果插入的是 Flash 页面，则还是以 Flash 形式表现。

播放背景音乐：选中该项，则可以即时听到选中页面的背景音乐。

点击"查看"，选择"显示页码"。编辑栏的左边就会显示每一页的页码。

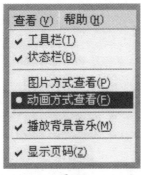

图118

3.6.3. 编辑页面

在杂志的制作中，我们需要调整页面的顺序时，所需操作也十分简单。先在杂志页面中选择要移动的页面，最简便的是使用工具栏上的箭头工具上移或下移，另外，也可以在"编辑"菜单下单击相关命令移动。每次移动一层。见图119、图120。

图119　　　　　　　　　图120

3.6.4. 如何去掉封底的logo

使用 ZineMaker 软件的人都知道，在生成杂志的封底会有一个 zinechina 的标志。其实，这个标志只是针对于免费版的用户。只要对软件进行注册专业版或企业版，就不会出现上述问题。注册方法是打开软件，点"帮助"菜单下的"软件授权"，在弹出的对话框中输入授权码注册即可。见图121。

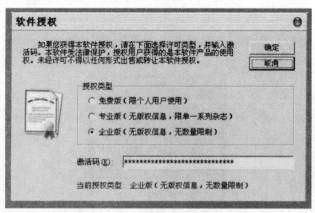

图121

第四章

电子杂志案例赏析

近年来电子杂志在全世界迅速发展，取得了惊人的进步，不同国家的电子杂志呈现出丰富多彩的面貌。下面我们将简要介绍一些国内外优秀的电子杂志，以供读者学习和借鉴。在当今的电子杂志行业中，主要以 Flash 技术为核心的电子杂志和 PDF 格式的电子杂志为主流，为了给读者呈现一个比较全面的电子杂志的全貌，我们将介绍这两种类型。

4.1.国外案例

电子杂志最早是在国外出现的，从行业发展的角度来说，国外电子杂志的发展已比较成熟。目前国外电子杂志已经进入赢利阶段，有固定的读者群，成为继报纸、印刷杂志、电视后的又一大新兴媒体。有的电子杂志甚至还有印刷版本，形成了网络与印刷的同步发行的新模式。

从技术角度来说，欧美大量的电子杂志都是以 PDF 格式为主流，通过 Adobe Acrobat Reader 软件进行阅读，页面效果和目前国内的电子报纸效果接近。例如葡萄牙的《DIF》。

这类杂志虽然没有音乐等多媒体效果，但它的数据量较小，同时支持 PC 机和苹果机的阅读，十分方便读者下载和在线阅读。对设计者的要求而言，只需掌握平面排版技术就行，制作的技术难度较低。

而一些电子杂志则以 Flash 技术为核心制作，具有更强的表现力，在表达手段上囊括了图文、音乐、视频、动画等多媒体的手法，使电子杂志有更大的可读性。例如土耳其的电子杂志《Bak》，从其视觉设计到界面设计都有可看之处。

另外，电子杂志的发展已经遍及全球。并在不同地区的地域文化背景下，发展出带有不同的民族地域特色的杂志，在设计风格上千变万化，各有千秋。例如泰国和土耳其的杂志就十分值得我们借鉴学习。

下面对欧美和亚洲的部分杂志分别进行介绍。

4.1.1. 欧美

（1）《DIF》。PDF 格式。

提供在线阅读、下载阅读的 PC 机、Mac 机版本。

语种：葡萄牙语

一本来自葡萄牙的前卫时尚生活电子杂志。内容囊括了摄影、创意、家居设计、服饰、当代艺术等领域。对当代的设计的各个方面都进行了图文并茂的介绍。见图 122、图 123。

图122

图123

（2）《JAMESON》。PDF 格式。

提供在线阅读、下载阅读的 PC 机、Mac 机版本。

语种：英语

一本来自美国的时尚摄影电子杂志，对摄影行业中的各个方向进行探讨。例如摄影的色彩、商业摄影作品和时尚摄影师等。下图是摄影色彩的一个栏目页面。见图124。

图124

（3）《Breed》。PDF格式。

官方网址：myspace.com / breedmag

电子邮箱：breed@breedmag.com

提供在线阅读版本。

语种：英语

《哺育》杂志是来自美国洛杉矶的艺术、时尚、音乐、创意综合类免费季刊电子杂志。见图 125、图 126。

该杂志为在线阅读版本，读者可登录其官网获取详细信息。

图125 图126

（4）《Castle Magazine》。PDF 格式。

官方网址：www.castlemagazine.de

电子邮箱：me@castlemagazine.de

提供在线阅读、下载阅读的 PC 机、Mac 机版本。

语种：德语

《城堡杂志》是来自德国的定期发行的插画设计电子杂志，以 PDF 文件格式定期发行。它旗下囊括了大量自由插画师、艺术家或其他创意人才，每一期杂志都包含了他们独特而高质量的艺术原创。见图127～135。

图127   图128   图129

    这本杂志在发展过程中经历了多次不同风格的变化，从其封面上我们也可以窥见其变化。从艺术到设计，从随意到有规划的版面布局，《城堡杂志》在不断地演化。但其一直坚持独立原创，并为富有独特风格的艺术作品提供发表园地。

图130   图131   图132

图133   图134   图135

杂志涉及了大量不同艺术家的插画作品，风格迥异、另类，与商业性设计有所不同。每期的稿件都来自世界各地，成为一个最先锋的艺术家与设计师的实验作品的展示舞台，这也正是该杂志的主旨。

此外，《城堡杂志》的页面的布局显得变化多端，在精心编排中透出轻松随意。见图 136～141。

图136

图137

图138

"Berge Tript Plot" by Jens Harder

Illustrative **07**

図139

図140

图141

（5）《Y SIN EMBARGO》。PDF 格式。

官方网址：http：//ysinembargo.com/uebi

提供在线阅读、下载阅读的PC机、Mac机版本。

语种：西班牙语

一本来自西班牙的艺术、摄影电子杂志。见图 142 ~ 144。

图142   图143

图144

（6）《Dot to Dot》。PDF 格式。

官方网址：http：//dottodotmag.com

提供在线阅读、下载阅读的 PC 机、Mac 机版本。

语种：俄语

这是一本来自俄罗斯的休闲时尚电子杂志，内容包括设计、摄影、时尚及音乐等方面。见图145、图146。

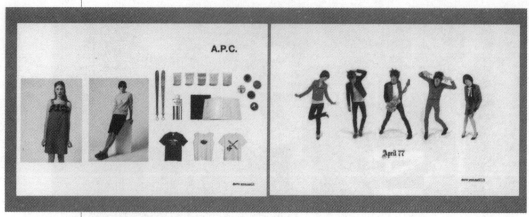

图145   图146

（7）《Blanket》。PDF格式。

官方网址：http：//www.blog.blanketmagazine.com

提供在线阅读、下载阅读的 PC 机、Mac 机版本。

语种：英语

　　一本来自澳大利亚的视觉设计类电子杂志。由布里斯班的几位设计师发起，致力于发现新的设计师、艺术家、摄影师，展现他们的天才，并给他们提供一个提升自我的媒介。见图147、图148。

图147

图148

　　这本杂志的基调轻松自然，在众多的设计类杂志中呈现出其活泼的一面。见图149、图150。

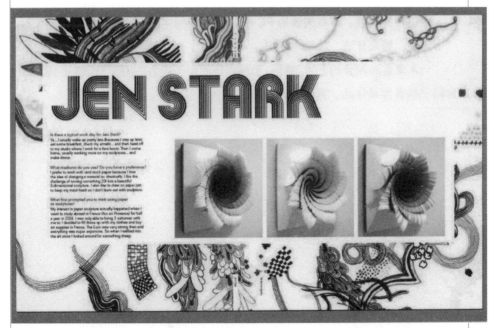

图149

图150

（8）《Woof!》。PDF 格式。

官方网址：http：//www.woofmagazine.net

提供在线阅读、下载阅读的 PC 机、Mac 机版本。

语种：葡萄牙语

一本来自葡萄牙的艺术、摄影、插画内容的电子杂志。风格十分随意、轻松。
介绍了很多插画作品。见图 151～155。

图151　　　　　　　　　　图152　　　　　　　　　　图153

图154

图155

（9）《TXTnein》。PDF 格式。

官方网址：http：//www.txtnein.com

提供在线阅读、下载阅读的PC机、Mac机版本。

一本来自玻利维亚的关于艺术设计、插画、摄影内容的电子杂志。传达和展示着这个国家的设计业发展状况和优秀的设计作品。

（10）《D+PAD》。PDF 格式。

官方网址：http：//www.dpad-magazine.com

官方博客：www.myspace.com/dpadmagazine

电子邮箱：info@dpad-magazine.com

提供在线阅读、下载阅读的 PC 机、Mac 机版本。

语种：英语

一本来自英国的有关电脑游戏的免费电子杂志，内容包括了游戏界最近的新闻、采访、游戏预告和视频游戏的特写报道。见图156、图157。

从杂志的设计风格上来说，它十分符合游戏爱好者这个读者群体。同时，版面的信息布局显然经过了精心安排，与国内一些游戏类杂志杂乱的版面形成了鲜明的对比。见图158、图159。

图156

图157

图158

图159

（11）《CRU A》。PDF 格式。

官方网址：http：//www.cru-a.com

提供在线阅读、下载阅读的 PC 机、Mac 机版本。

语种：葡萄牙语

一本来自葡萄牙的艺术摄影类电子杂志。见图160～162。

图160

图161

图162

（12）《Abuse Magazine》。PDF 格式。

提供在线阅读、下载阅读的 PC 机、Mac 机版本。

语种：德语

一本来自德国的综合类时尚电子杂志。

（13）《2DArtist》。PDF格式。

官方网址：www.2DArtist.com

提供在线阅读、下载阅读的 PC 机、Mac 机版本。

语种：英语

一本来自英国的著名 CG 电子杂志，介绍了优秀的二维数字艺术绘画作品和艺术家，在插画艺术创作中给予全面的技法指导，内有大量 2D 教程。见图 163、图 164。

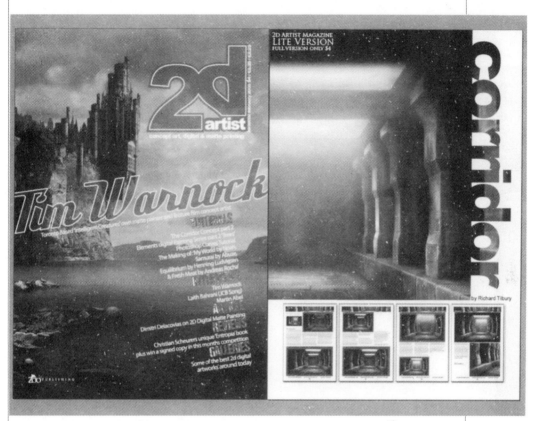

图163   图164

（14）《Vmag》，Flash格式。

官方网址：电子杂志网提供下载

提供下载阅读的 PC 机、Mac 机版本。

语种：英语

一本来自美国的以介绍插画、涂鸦、设计为主题的电子杂志。杂志主要
以图为主，很少有文字。设计风格简约淡雅，别具一格。见图165。

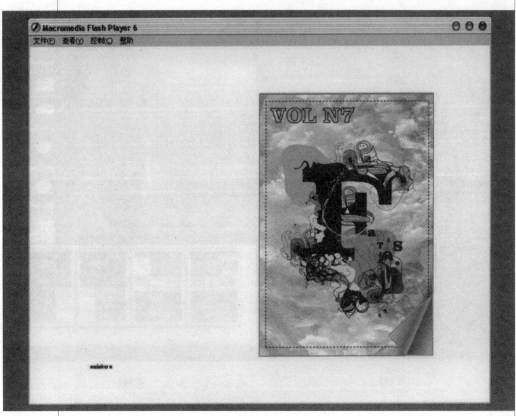

图165

　　这本杂志以简洁的设计将多余的信息过滤，去除了常见的喧嚣气息。页面上只留下主题——精美的设计作品静静地呈现着。界面设计上也没有安排按钮等，而是直接通过读者用鼠标拖动页面翻页，可以说它将版面上的信息减到了极致，却别有韵味。在当今电子杂志中，这种素净简约的风格十分少见。见图166、图167。

图166 图167

（15）《Revolution art》。PDF 格式。

官方网址：电子杂志网提供下载

提供下载阅读的 PC 机、Mac 机版本。

语种：德语

《Revolution art》是来自德国的电子杂志，以介绍数字艺术、插画、涂鸦、设计为主题。投稿作者来自世界各地，风格大胆创新，至今已经定期推出了多期作品合集。见图168～171。

图168   图169

图170

图171

这本杂志通常以每一个作者和其作品为专题，依次展开介绍。见图
172～175。

图172 图173

图174

图175

（16）《Ilustre》。PDF 格式。

官方网址：插画网提供下载

提供下载阅读的 PC 机、Mac 机版本。

语种：德语

一本以介绍插画、涂鸦、设计为主题的电子杂志。页面以图片为主，少有文字，其设计作品也别有趣味。见图176～179。

图176~179

4.1.2. 亚洲

亚洲的电子杂志虽然起步比欧美略晚，但发展十分迅速。时至今日，其中一些地区的电子杂志也取得了不错的成绩。而且由于亚洲特有的文化背景，使这些地区的电子杂志呈现出丰富的地域特色。

（1）《You Are Here》。PDF 格式。

官方网址：www.youareheremag.net

提供在线阅读、下载阅读的 PC 机、Mac 机版本。

语种：英语

《You Are Here》（你在这儿）是一本关于泰国青少年和他们的兴趣爱好的免费半月刊物，通过他们的观点来反映其今天的生活方式。每月 5 号和 20 号在暹罗广场及其周边地区所有最酷最时髦的商店里上市，也可以从《You Are Here》的官方网站上下载其电子杂志。

其创作团队即梦想流行艺术团队（Dream Pop Art Team），是 2004 年末建立的，第一期杂志于 2004 年的 11 月末发行。到 2006 年 5 月，它的官方网站（www.youareheremag.net）建立，以此开始拓展其覆盖面，将它从暹罗广场带向全世界的网络。见图 180、图 181。

图180　　　　　　　　　　　　图181

这本杂志主要以服装为主题，囊括了大量的泰国街头青年的风尚。它定期推出街拍服装，以街头的年轻人的服装为拍摄对象，具有浓厚的街头文化气息，所以其设计上也体现出随意、轻松的风格。见图182、图183。

图182、183

（2）《Ho!designer》。Flash格式。

官方网址：http：//hodesigner.com

官方博客：http：//hodesigner.com/blog

提供下载阅读的版本。

语种：泰语

来自泰国的设计类电子杂志。主要介绍泰国的设计作品，有大量优秀作品及设计师的简介。具有非常浓郁的泰国特色，是一本地域特点与设计相融合的杂志。见图184。

整本杂志的色调非常统一，用色华丽多彩，具有泰国文化背景的特点。在页面上涉及文字内容时，页面就分为左右栏便于读者阅读，而在图片为主时则无装订缝的影响。页面的排版根据每个页面的内容不同也有所区别。虽然这只是一个小地方，但却可看出设计师细致周到的考虑。

但此杂志目前有一个缺点是在界面的按钮上标识不明，翻页与目录按钮容易混淆，易引起读者的失误操作。

图184

图 184 是该杂志的封面图。从整体的设计风格来说，该杂志具有浓厚的泰国特色，背景图类似于泰国佛教建筑的轮廓线，富有特点。

图 185 是该杂志的目录页面，从中我们可以看到大色调是统一的，每个页面在统一中展开变化。同时，该杂志的页数较多，如果光凭读者以鼠标翻动页，十分不便。所以杂志的目录做得很详尽，每一个小专题都有对应的目录链接，可以快速跳转页面。对于上百页的电子杂志来说，这是非常重要的。

图185

该杂志页面的色彩也与界面的整体色调相协调，在金色与红色的交相映衬中，让我们想起泰国独有的文化及其历史，将现代与传统的气息相结合。见图186。

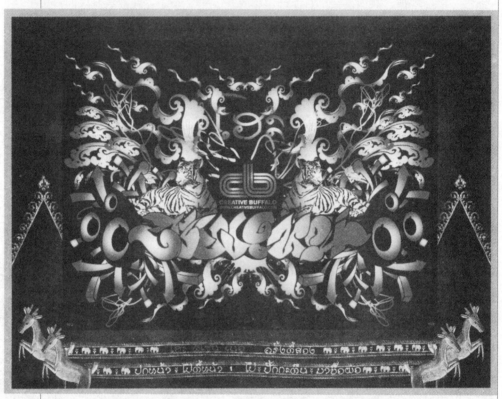

图186

　　同时《Ho!designer》是一本十分优秀的设计、插画类杂志，有很多精美的页面值得借鉴学习。见图187～192。

图187~192

　　这本杂志唯一有缺陷的地方就是在翻页按钮上标识不明，而且只用泰文进行标识，使外文的读者在操作中十分容易出错。

（3）《Bak》。Flash 格式。

官方网址：www.bak.com

提供在线阅读、下载阅读的 PC 机、Mac 机版本。

语种：土耳其语、英语

一本来自土耳其的电子杂志《Bak》，内容以艺术设计为主。

这本杂志在整体上透出一种沉静感。每个页面的色彩比较统一，善于运用相近色相进行对比。杂志中没有设置动画和背景音乐，界面设计的按钮设置上也采用低纯度的色彩，显得低调而含蓄，与页面的设计风格相统一。这种沉静而雅致的风格给国内一味追求华丽炫目的设计风格带来了新的启示。见图193～196。

图193~196

这几幅图是《Bak》杂志的一些封面，十分具有特色的是界面背景都以实物的纹理效果为底，显得十分素净。从杂志界面的整体效果来看，色彩低调和谐，作为土耳其的设计类电子杂志，既体现了设计的时尚气息，而且含蓄、低调的风格与土耳其的文化气息一脉相承。

　　这本杂志多以左右分栏的方式呈现图文内容，作为图片的页面来说，这种呈现方式使图片中间呈现出类似于装订缝的效果，而这种左右分栏的页面对于文字内容的呈现则显得十分接近印刷杂志的效果。而该杂志的古典气息也使之适用于这样的形式。见图197、图198。

图197　　　　　　　　　　　　　　　　　图198

　　此外，该杂志的页面还喜欢直接采集纸页的照片作底，将它运用于书页的设计中。例如，在下面这个页面中，设计者直接拍摄了现实中的书页效果，将其作为杂志的一页，使电子杂志也具有如同纸质杂志般的真实质感和立体感。见图 199、图 200。

图199　　　　　　　　　　　　　　　　　　　　图200

　　这本杂志还有一个特别的地方就是它带有一个页面索引，可以在索引中查看页面的小图，并快速跳转页面。这样的设置，在杂志的页数很多时，使浏览杂志变得非常便捷。见图201。

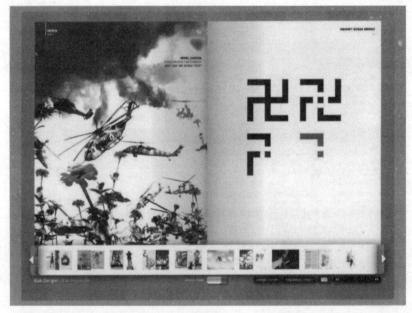

图201

它还有一些页面也尝试了突破左右分页的模式。见图202。

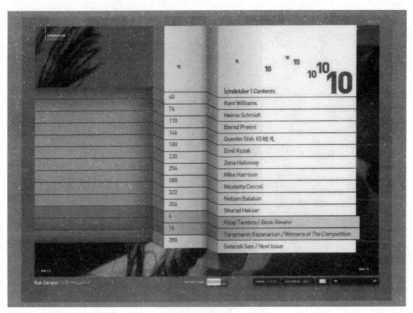

图202

《Bak》杂志的最大特点就是内容精良而毫无喧嚣之气，在去除了浮华气息的同时，反而显出它的素净和大气。这与国内一些杂志的界面色彩娇艳、喧宾夺主不同，它的界面背景低调而含蓄，突出了杂志本身。同时作为设计杂志，它的整体设计水平也十分出色。见图 203 ~ 208。

图203~208

126

（4）《ART ZMANIR》。Flash 格式。

官方网址：www.spotbit.com

提供在线阅读、下载阅读的 PC 机、Mac 机版本。

语种：英语

　　一本内容以艺术设计为主，由无纸出版（The Paperless Publising）网站发行的电子杂志。这本杂志最大的特点在于使读者的阅读操作十分便捷，杂志的翻页效果也很接近纸质杂志的效果。设计师将电子阅读过程中遇到的问题都考虑得很周到，可以说是一本十分人性化的杂志。由于其操作功能也较一般杂志更加全面，因此这本杂志界面上的按钮较多。杂志的界面见图209。

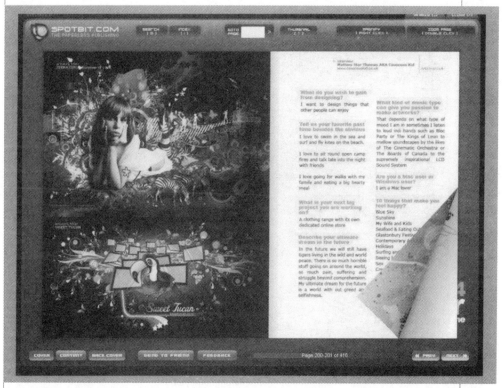

图209

在界面上读者可以看到，它不仅有前一页、后一页、封面、目录、封底这些基本的按钮，还包括了索引、跳转、放大缩小等功能。杂志本身如同一个微缩的电子读物阅读器一般，还带有很多类似Adobe Reader软件的功能。这使读者在阅读的操作中十分便捷，杂志的翻页方式和查看方式变得多种多样。

首先，我们来看除了单击鼠标顺序一页页翻以外，它还提供了哪些不同的翻页方式。杂志按内容顺序编写了一个非常详细的索引，读者可以点击"Index"（索引）在杂志中快速切换内容，这就可以在阅读过程中随时切换页面。在这本杂志中，"索引"的功能取代了目录，它不再是作为杂志中的一个页面存在，而是作为一个功能按钮使读者可以随时使用，而无需如同大多数电子杂志那样，读者得先翻到杂志最前面找到目录页才能快速跳转页面。索引效果见图210。

图210

除了索引这种以内容划分的快速切换方式以外，该杂志还提供了一种按页面顺序排列，可以浏览附近页面的缩略图，使读者在小范围内可以快速切换页面。读者单击"Thumbnail"，就可以看到它的缩略图窗口。见图211。

图211

　　此外，《ART ZMANIR》杂志还有不同的页面缩放比例可供读者选择。双击右上角的"Zoom Page"（缩放页面）就会显示页面的一角，以鼠标拖动页面进行观察，可以放大或缩小整个页面的方式来查看。我们放大了杂志的右上角，并全屏显示，图212是它的效果。

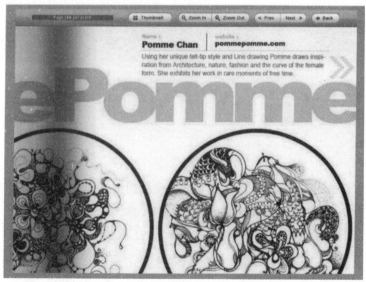

图212

该杂志还能以放大镜的方式来查看图文。单击右上角按钮"Magnify"（放大），在鼠标所处位置就会出现一个黄色的放大框，如同我们拿了一个长方形的放大镜观察页面一样，拖动鼠标可以分别放大页面的局部，而在框外的页面不受影响。见图213。

图213

　　这本杂志除了操作便捷和观看的方式有独到之处外，作为一本设计类电子杂志，杂志本身也设计得极为精美。见图214～219。

图214

图215

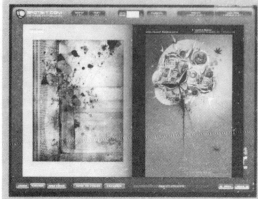

图216、图217

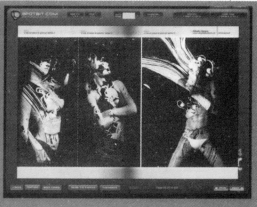

图218、图219

4.2.中国

中国的电子杂志在近几年也取得了惊人的进步。2004年以前，中国的电子杂志还主要以电子邮件的方式向订阅的读者发送。而从2004年末到2005年，在短时间内涌现了大量优秀的电子杂志。现在中国的电子杂志业已经具有一定规模和持续壮大的读者群，赢来了百花齐放的春天。

4.2.1. 目前国内部分知名的电子杂志

（1）《中国国家地理》：与印刷的同名杂志内容相近，是其电子杂志版，设计制作十分精良。

（2）《much》：幻浪网站推出的动漫类电子杂志。起初叫做《幻浪》，后改名为《much》。详情请登录www.goComic.com。

（3）《瑞丽·妆》：印刷杂志《瑞丽》的电子杂志版，内容与之相近，以女性读者为主。

（4）《Inter Photo印象杂志》：一本以摄影等视觉艺术为主题的电子杂志，也是国内发行量最大的创意视觉杂志，为广东、广西、江西、湖北等十多个省级摄影协会指定电子杂志。详情请登录WWW.magbox.com。

（5）《New Web Pick》：以设计、插画、涂鸦艺术为主题的设计类电子杂志，制作精良。详情可登录WWW.newwebpick.com。

（6）《Taste 味觉》：是POCO制作并独家发行的国内第一本美食生活类杂志。详情请登录www.magbox.com。

（7）《惊奇档案》：以奇幻内容为题材的电子杂志。详情请登录惊奇网。

（8）《Photo Art 魔影》：介绍摄影名家的电子杂志。详情请登录www.xplus.com。

（9）《火星CG》：以计算机图形艺术为介绍主题的电子杂志。

（10）《CG Art》：计算机图形艺术的电子杂志，以数字绘画艺术为主题。

（11）《异域数码》：介绍国内外先锋计算机图形艺术的电子杂志。

（12）《MOY》：以设计艺术为主题的电子杂志，设计风格清新可人。详情请登录www.magbox.com。

（13）《After 17》：香港制作的以青春和文艺为主题的电子杂志。详情请登录 www.ezine.com。

（14）《Poco Zine》：以时尚与旅游为主题的电子杂志。详情请登录www.magbox.com或www.poco.com。

（15）《La Vie》：生活旅游类杂志，内文部分为有声阅读。

由于电子杂志的发行具有较大的不确定性，以上信息请以其官方网站的最新信息为准。

4.2.2. 目前国内知名的电子杂志发行平台

（1）MagBox（魔幻盒子）。（www.magbox.com）

依托 POCO 强势平台、海量用户以及雄厚的技术研发实力推出的电子杂志发行平台 MagBox（魔幻盒子），有多款杂志提供下载，具有分类齐全、传输迅捷等优点。

（2）VIKA。（www.vika.cn）

VIKA 是一个领先的网络杂志互动平台，同时也是一个强调潮流个化性、互动娱乐的平台，有多款杂志提供下载。

（3）麦客电子杂志平台。（www.chinamaga.com）

麦客电子杂志平台是中国麦客公司最新推出的互动数字网络社区，致力于打造中国城市杂志第一门户，成为互联网用户阅读、制作、发行中国城市杂志首选网站。

（4）Xplus 电子杂志平台。（www.xplus.com）

Xplus 是全球领先的网络杂志平台服务商，提供数字媒体技术发行和广告运营的服务。通过互联网完成派送、订阅机制，成为国内第一家网络杂志互动平台。2006年，基于日臻完美的 Xplus 平台，新数通公司还成功推出业内领先的 MagA 个人网络杂志制作软件。

（5）博享平台。（www.bousun.com）

博享平台是一个强调潮流个性化、娱乐化的电子杂志平台，以电子杂志的形式为广大网民提供高质量的多媒体互动阅读方式、分类信息和娱乐服务。目前，博享平台拥有大量的原创杂志及与合作伙伴共创的杂志，内容涉及多个领域。

（6）Zbox 鹏泰传播。（www.zbox.com）

Zbox 鹏泰传播，2006 年 3 月成立，7 月正式上线，经过快速稳健的发展，仅半年就跻身中国网络互动杂志行业前列。目标定位于打造中国最大的数字内容发行交易平台，拥有 1 000 余种 10 000 余本电子杂志。

（7）Poco电子杂志在线阅读平台。（www.poco.cn）

Poco 是中国地区领先的个人娱乐互动网站，提供了中国地区发行量最大的时尚电子杂志在线阅读平台。Poco 同时还以在线阅读和 P2P 下载两种方式提供了万本优质品牌电子杂志，累计发行杂志超过 2.2 亿册。Poco 自主品牌杂志《POCOZine》、《印象》、《味觉》已经成为中国地区电子杂志发行量最大、收入最高的电子杂志典范品牌。

（8）摩得互动。（www.Somode.com）

摩得互动主要从事制作、发行电子杂志。摩得互动创刊《Me 爱美丽》、《Wo 男人志》、《Woman 交友志》、《D@sh 动漫志》、《Star 好星情》等多本电子杂志，其中，《Me 爱美丽》与《Wo 男人志》至今在互联网用户中已产生相当的影响。经历近两年的品牌塑造，两本杂志目前分别已拥有超过 700 万的读者，双周发行量超过 290 万本。

第五章

电子杂志的设计教育

5.1.电子杂志设计教育的大背景

当今的传媒界从业者已经意识到设计的重要性，他们从传媒的实际运作中，对传媒设计进行了反思，探讨设计与传媒的关系。在这里我们先以传统传媒为例，在"设计改变传媒系列访谈"中，网易、中国报刊视觉网[1]与《新民都市》的记者访问了一系列大报、杂志的美术编辑，结合传媒业中的设计师的角度，就设计在传媒中起到的作用进行了深入的探讨。

《南方日报》的美编墨白指出，好的设计对传媒来说，就是既要符合自身的品牌定位，同时又能唤起目标读者强烈共鸣的设计。这样一个稳定而又独特的设计，是传媒维系与读者关系的心理纽带，也为品牌创造着市场。又如靳文艺[2]认为，传媒重视设计其实是外部竞争环境和内部认识提高共同作用的结果。以《厦门日报》的改版设计为例，第一、二次改版还主要是为了满足功能需要，方便阅读，到了第三、四次改版时，功能和技术上的问题已基本解决，开始探索设计文化和品牌形象的融合塑造。这也是大多数传媒设计的目标之一。而另一位报业的设计总监晁铁军[3]在访谈中也明确指出，从最初艰难的市场竞争到后期的品牌塑造，确定和探讨视觉设计是《华商报》的强势竞争力来源之一。设计帮助传媒赢得了读者，经受住市场的检验。此外，先后担任了杭州《都市快报》和广州《南方周末》设计总监的国内著名报纸设计师王道坤谈到，在 20 世纪 90 年代末，随着国内经济的高速发展，文化生活进一步繁荣，他凭借多年的专业设计经验预感到，媒体的运作将会出现整体变革，传媒品牌会通过借助设计手段来完成资讯的个性化表述。于是王道坤在广州成立了大纸机构[4]，开始在国内从事专业的传媒视觉品牌设计及媒体研究。

---

[1] 中国报刊视觉网：中国传媒设计的代表性网站。杂志美术编辑与报业设计师的讨论园地。
[2] 靳文艺：曾任《厦门日报》的视觉设计总监和广告创意设计总监。
[3] 晁铁军：《华商报》的华商报设计总监。
[4] 大纸机构：从事媒体研究的设计工作室，例如，报纸与新闻学、社会学、经济学、营销学等学科交叉形成的关系。工作室有很多设计师，做摄影、写作、设计的项目包括媒体细分、产品的特征、细节还原等。工作宰还做书籍装帧、杂志设计、电视栏目策划等工作。

从访谈中可以看到，传媒业的设计师们不仅充分意识到了设计改变传媒的作用，还在积极地进行研究探讨。而从设计角度来说，视觉传达设计的课程正是将信息进行真实、准确、有效传达的一套专业训练。每年都有大量的视觉传达设计专业的毕业生进入报社、杂志社、电视台，从事刊头设计、版式设计、电视栏目片头设计的工作，打造媒体的视觉效果和品牌形象，为传媒的发展出力。

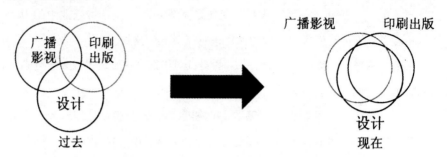

从两个产业的发展来看，设计与传媒的合作正在不断加强，上图表明了这个趋势。

5.2.电子杂志设计教育的基本要求

电子杂志作为新兴的数字传媒，是设计与传媒进一步融合的代表之一。首先，从制作上来说，设计贯穿了其制作全程，从平面设计、多媒体设计到界面设计，新的设计手法在电子杂志中层出不穷，在表现手法与表现领域上都找到了更广阔的天地。其次，从传媒的品牌塑造来说，通过设计来吸引读者提升自身形象，也已经成为众多电子杂志的共识。例如，国内的电子杂志《much》和《锐漫》聘请专业人士为之重新设计界面；《Inter Photo 印象杂志》在招募平面设计师和动画设计师；《Poco Zine》在宣传时反复提到其设计制作精美；《MOY》[1]和《After 17》[2]以个性化的设计风格备受读者欢迎。还

---

① 《MOY》：以设计艺术为主题的电子杂志，设计风格清新可人。详情请登录www.magbox.com。
② 《After 17》：香港制作的以青春和文艺为主题的电子杂志。详情请登录www.ezine.com。

有《佛艺周刊》[1]以其富于禅意的设计别具一格；《惊奇档案》也因独特的界面设计而让人过目难忘；《味觉Taste》和《Poco Zine》[2]每期都十分重视设计上的投入，以确保其设计的品质，等等。

电子杂志产业必将通过设计探索品牌形象的塑造，在日益激烈的竞争中脱颖而出。其产业的发展迫切地需要相关人才，尤其是同时精通平面与多媒体的电子杂志设计人才，这就需要正式开展电子杂志的设计教育。而它的基本要求，有以下几点：

一是建立数字化的设计教育平台。鉴于电子杂志的数字化制作环境，多媒体教学平台是必要的。通过运用多媒体和网络教学，使教学与学习过程互动。教师不仅仅是主讲者，还是教学活动的设计者、辅导者，教学由教师讲授转变到学生主动认知，并将更多时间用于展开讨论，在互动中探讨电子杂志设计。

二是数字化设计语言的掌握。一本电子杂志的出炉和传统印刷杂志相比，也需要经过栏目创意、素材加工收集、文案撰稿、版面设计等几个阶段，所不同的是它从制作到出版发行都贯穿于数字化环境。唯有掌握平面、多媒体和界面设计的多门软件，才能设计制作出优秀的电子杂志。

三要注重培养学生的创新精神，培养创造性人才。"在教学实践中引导学生主动学习，主动发展，最大限度地发挥自己的潜能，大胆突破现有知识和已有经验的限制，认真学习新的数字科技知识，研究用新的数字技术来表达新的观念"[3]，从思维上创新、技术上创新，从而做到在实践中推陈出新。

---

① 《佛艺周刊》：介绍佛教艺术的电子杂志。整体设计上禅意十足，风格别致。详情请登录www.magbox.com。
② 《Poco zine》：以时尚与旅游为主题的电子杂志。详情请登录www.magbox.com或www.poco.com。
③ 转引自《艺术设计十五讲》202页，凌继尧等著，北京大学出版社，2006年10月。

5.3.电子杂志设计教育的课程设置

随着设计实践的发展，设计教学也要与之互动。通过设计教学，提高电子杂志的设计水平，解决目前电子杂志设计中存在的问题，也是本文的目的之一。

从设计学科的建设来看，电子杂志设计属于视觉传达设计的范畴，电子杂志设计与版式设计、书籍装帧这样的课程密切相关。例如，它必须在页面上进行周详的版式设计，并通过版面塑造视觉流程。同时由于杂志不只是一个页面，而是数十个页面，甚至几百个页面，这就要求一本电子杂志的设计要同时具有细节上的雕琢和整体视觉效果上的把握，有一个整体的书籍设计概念。设计师必须灵活运用平面设计中的设计手法，使电子杂志形成整体而又富有变化的面貌。其次，Flash 的运用为电子杂志的页面增添了大量灵活元素，在引导视觉流程和丰富视觉效果上功不可没。Flash 是电子杂志中多媒体与界面设计的实现技术，穿插页面的动画，安置交互式网址链接等都需要 Flash 的全面支持，因而学生必须熟练地掌握 Flash 软件。

作为课程的具体实施来说，可以根据学校的实际情况和师资力量，将电子杂志设计教学列为Flash课程的一个部分或单独的一门专业课程。

课程设置的目的是通过设计实践，了解现今设计与传媒发展日益密切的关系，掌握电子杂志的不同的设计手法，从主题理念，栏目策划等方面全面培养学生的设计策划能力，同时熟悉电子杂志的表现技巧，提高软件的运用水平，就创意与设计主题的表达进行深入探讨，通过策划与设计制作的整合训练，提升学生的设计表达能力，培养学生的创造性思维。

电子杂志设计教育课程将综合运用 Photoshop, IIIustrator, Flash, ZineMa-ker 等软件，系统地训练学生的设计能力，挖掘电子杂志的表达潜力，以设计出优秀的电子杂志。鉴于该门课程对设计的策划能力相对要求较高，要使用从平面到动画的多款软件，建议将该门课程安排在大三下学期或大四上学期开设，同时由于电子杂志的设计工作量较大，因此可以考虑由学生组队完成作业。

在教学实施中，包括理论讲解和实际操作两个部分，具体而言，理论上介绍电子杂志的概念，演变历程，现今电子杂志的几种制作方法及传媒学的相关理论；实际操作中讲解电子杂志的设计过程，分析 Flash 和 ZineMaker 两个软件各自的优缺点，重点讲述软件的操作方法、工作原理。随后进行电子杂志的展示，并结合优秀的案例进行深入分析。让学生观察不同主题，不同技术制作的电子杂志的区别。展示中要注重资料的多元化，既要有行业的翘首之作，也要有仅凭网民之力自主创办的电子杂志，结合教师在电子杂志设计方面的经验，以实际案例进行讲解，使之清晰明了。

课题作业的设置上由学生自选主题，使用 Flash 和 ZineMaker 等相关软件进行设计制作。可由学生单独或组队完成。教师对学生的设计方案进行单独辅导，并组织师生讨论。最后进行课题总结，作业讲评。

5.4.电子杂志设计师的素养

　　作为新兴职业的电子杂志设计师是伴随着电子杂志产业的发展而出现的。在 2005 年上半年，当时很多的电子杂志才刚刚起步，网络上也鲜见电子杂志设计师的身影。而从下半年起，忽如一夜春风来，用电子杂志软件制作的杂志、画册、客户方案、作品案例、个人简历等屡见不鲜。很多设计公司都将制作发行电子杂志作为新的业务来开展，公开招募精通 Flash 和平面设计技能的电子杂志设计师。目前，电子杂志设计师已经成为设计业中一个新的职业。

　　目前的电子杂志设计师，大部分是做平面设计出身的，注重设计感，但编程技术薄弱，知识结构比较单一，这样不利于电子杂志的长远发展。一本优秀的电子杂志，如同设计史上所有名垂青史的作品一样，是技艺与人文关怀的结晶。而且设计本身是一个交叉性学科，要求设计师必须具备多方面的素养与技能，一个知识技能结构单一的设计师，是无法胜任电子杂志设计这一任务的。

第六章

电子杂志业的发展趋势

6.1.规范电子杂志行业的发展

展望目前国内的电子杂志行业，可谓有喜有忧。一方面，电子杂志大受欢迎，发展迅速，内容涵盖了娱乐、摄影、写真、音乐、电影、动漫、女性、生活、数码、设计、电脑、教育、时尚、旅游等领域，且国内已经出现一些较好的电子杂志，如《InterPhoto 印象杂志》、《New Web Pick》等，这些杂志在各方面都颇有可看之处。另一方面，一些电子杂志是由几个网民建立和管理的，缺乏强有力的支持。它们的存活全靠一些热心网民的支持，他们自己控制发行周期，接受投稿，组织作者和编辑，但维持一份电子杂志远比创建它要难，这不是有热情就可以维持的。只有少数电子杂志有长期发展战略和广告投放，其余的大多数可持续发展能力差，缺乏可靠的信息来源和广告投入。这样的状况有可能让一份原本红火的电子杂志半途而废。

电子杂志设计作为电子杂志中的一环，规范其行业的发展对设计也有促进作用。电子杂志的规范化，首先是其运作和赢利模式的稳定和规范化，通过建立稳定的读者群、广告商，以市场竞争来优胜劣汰，电子杂志行业才能健康发展。其次是教育的规范化，电子杂志设计师需要相关的专业训练和技能，通过教育培养优秀的电子杂志设计人才是对其行业良好发展的有利保证。再次是国家出台对电子杂志发行出版的相关条例和法规，使电子杂志行业的长远发展得到有力保障。

6.2.多视角研究电子杂志

目前国内对电子杂志的研究主要是从传媒学视角出发的，如闵大洪在《数字传播概要》中所说的："从总体看，国内对数字传媒的研究基本上是一种狭义的'媒体'研究，是对传统大众传媒研究的延伸，而且基本上是一种纯学术的研究和探讨，尚缺乏多种学科真正的汇聚与融合。"电子杂志迫切地需要进行多角度的深入研究，因为它本身就是多学科融合的代表，如数字化设计、传媒学、计算机科学等，它可以被纳入各个不同的研究范围内。例如，对电子杂志的设计研究就包括其设计发展史、设计手法、设计个案等几个方面，对其进行理论与实践相结合的探讨，以提高电子杂志的设计水平。对传媒学来说，则可以从其传播特色与商业运营的方式探索它的发展趋势。计算机科学则可从网络及数字技术的实现对其进行研究。同时，研究者也要一专多能，除了专业学科内的知识技能，还要广泛借鉴其他学科的研究成果，以开阔视野，关注国内外的研究，作出有价值的创新性研究，促进电子杂志在实践和理论上的进一步发展。

6.3.制定评判标准，提供比赛交流平台

据网易[①]消息，2005年10月广州数联软件公司联合多家网站推出首次电子杂志创意设计大赛[②]，得到了多家网络媒体[③]的积极响应。2006年中国人民大学、中国传媒大学、中国期刊协会和智通无限网站联合举办了首届全国电子杂志制作人邀请赛。电子杂志设计比赛的举办表明它得到了越来越多的传媒与设计界的重视，电子杂志的设计制作正逐步走上正轨。

通过全国性的设计竞赛，能够吸引电子杂志设计业的各路好手，在竞赛的展示中观摩优秀作品，互相交流学习。同时，大赛的评比标准全面地包括了电子杂志设计的各个方面，对平面设计、多媒体制作与界面操作都提出了要求。一本优秀的电子杂志必须集各方面的优点于一身，把多媒体的各种元素的潜力和特性都发挥出来。由此可见，举办电子杂志设计大赛并设立全面的评判标准，对提高电子杂志的设计水平、促进其行业的繁荣发展是十分有益的。

此外，在很多电子杂志的网站上还提供了制作精良的电子杂志作为范例，以及开通了讨论电子杂志设计的网络论坛。设计师可以在论坛上讨论交流，解决在制作中遇到的技术问题，下载杂志的设计软件和制作资源，学习软件的教程等。这样的论坛对设计师是十分宝贵的学习园地，对其自身的提高有很大帮助。

---

① 网易：综合性门户网站。详情请登录http://www.163.com。
② 详情登录http://www.magbox.cn。
③ 包括动画门户网站9Flash、闪客帝国、榕树下原创文学网、天涯社区等。

6.4.借鉴外来设计，迎接竞争

在国内的电子杂志展开激烈竞争时，一些国外的电子杂志已经注意到中国这个巨大的市场。如同在印刷杂志界出现的情形一样，国外电子杂志也开始尝试着进入中国。2006 年 11 月，英国电子杂志《创意志》[①]的中文版登陆中国，提供在线免费下载，上市之初就引起众多网民的关注，视觉中国等网络媒体为它作了报道。而国内与它同属 CG[②]艺术类的电子杂志有《火星CG》[③]、《CG Art》[④]、《异域数码》[⑤]等。因此可以推断《创意志》的出现必然引起国内同行的关注和竞争。随着竞争的进一步加剧，在优胜劣汰中，唯有品质优秀、设计精良、运作成熟的电子杂志才能生存。

同时，目前中国电子杂志的技术和设计手法都尚未成熟，应向国外同行学习。尤其是对同类主题的国外杂志的学习，能够学习到对相近题材的不同处理手法。以设计艺术类为例，国内大多数的杂志都设计得比较花哨，版面上放入大量信息，用很多的动画来增强视觉效果。而国外有的同类杂志的处理方式则有一些不同，例如《城市画报》[⑥]杂志所介绍的电子杂志《Vmag》，它是一本集插画、涂鸦、设计为一体的电子杂志，其设计风格干净洗练而别具一格。该杂志的信息量很大，但由于使用了 Flash 软件制作，极大地压缩了杂志的数据量，下载非常便捷。

又如土耳其的电子杂志《Bak》[⑦]，在内容上来说与《New Web Pick》十分接近，但与华丽而时尚的《New Web Pick》不同，《Bak》在整体上透出一种沉

---

①《创意志》：以计算机图形艺术，尤其是3D艺术为报道主题的英国电子杂志，采用PDF文件制作，近期其中文版开始在视觉中国等网站供读者免费下载。

② CG：计算机图形艺术（Computer Graphics）的英文缩写。

③《火星CG》：报道计算机图形艺术的电子杂志，以3D的艺术作品为主题。

④《CG Art》：计算机图形艺术的电子杂志，以数字绘画艺术为主题。

⑤《异域数码》：介绍国内外先锋计算机图形艺术的电子杂志。

⑥《城市画报》：介绍文化、艺术、消费、旅游为主要内容的综合性生活类杂志，城市画报杂志社。

⑦《Bak》：制作精良的设计艺术类电子杂志，由土耳其设计出版发行。

静感。每个页面的色彩比较统一，善于运用相近色相进行对比。杂志中没有设置动画和背景音乐，界面设计的按钮设置上也采用低纯度的色彩，显得低调而含蓄，与页面的设计风格相统一。这种沉静而雅致的风格给国内一味追求华丽炫目的设计风格带来了新的启示。

他山之石可攻玉，国内的电子杂志设计师可以通过观摩国外的设计作品启发思路，学习不同的表现手法。同时，学习并不意味着模仿，电子杂志设计师必须大胆创新，博采众人之长，才能设计出艺术与技术和谐共进的优秀作品。

6.5.确立电子杂志设计教育

立国之本在于教育，设计也一样，要想从根本上提高电子杂志设计实践的水平，就要从设计教育着手。目前电子杂志设计良莠不齐，与教育滞后、缺乏专业人才是直接相关的。通过设置电子杂志设计的课程，能有效地训练设计师需要的相关技能，培养一支既有艺术设计能力，又有信息技术背景的人才队伍，从而提高电子杂志设计的水平。

同时，也要保证教育的设置有一定的层次性和侧重点。例如放在视觉传达设计专业中的电子杂志设计课程，要从设计的角度关注电子杂志的设计，侧重培养学生平面设计与多媒体设计的创新能力。又由于视觉传达设计专业的课程对传媒设计有一定的交叉覆盖性，因此电子杂志设计就可以作为其中的一门专业课来上，或放到 Flash 课程中。而如果在传媒学院，则将其放入数字传媒的专业学科中比较适合，注重传播手段与数字时代的研究，可将电子杂志设计设为其必修课程。同时，也可在职业教育中开设针对电子杂志设计师的短期培训班，如同一些电脑软件课程的平面设计师培训班一样，能在较短时间内培养出相关人才，满足社会对人才的需求。

图书在版编目（CIP）数据

电子杂志设计／万凡，牟芸芸编著. 一昆明：云南大学
出版社，2008（2015重印）
ISBN 978-7-81112-584-9

I. 电… II. ①万… ②牟… III. 电子出版物—期刊—设
计 IV. G255.75 TS881

中国版本图书馆 CIP 数据核字 (2008) 第 056420 号

E-MAGAZINE DESIGN
电子杂志设计

万凡　牟芸芸 编著◢

策划编辑：柴　伟
责任编辑：李兴和
　　　　　严永欢
装帧设计：龚　静
出版发行：云南大学出版社
印　　装：昆明市五华区教育委员会印刷厂
开　　本：787mm×1092mm　1/16
印　　张：10.375
字　　数：170千
版　　次：2008年8月第1版
印　　次：2015年1月第2次印刷
书　　号：ISBN 978-7-81112-584-9
定　　价：42.00元

社址：昆明市翠湖北路2号云南大学英华园
邮编：650091
电话：0871-65033244　65031071
网址：http://www.ynup.com
E-mail：market @ ynup.com